一人じゃないよ、
みんなつながっている

WATARASE
Vol.3
——わたらせ——

大森和代
Kazuyo Omori

たま出版

プロローグ
――「読むだけで奇跡が起きるブログ」から生まれた本――

ブログ読者から奇跡の報告が続々

二〇一〇年五月二十七日にオフィシャルブログ『大森和代のWATARASEまっせ!!』を開設し、すでに一年半余りがたちました。じつは、このブログをスタートしてからの反響の大きさに驚いています。ブログを読んだ方々から、奇跡の報告が続々と寄せられるようになったのです。

たとえば、「息子が引きこもりになって悩んでいる」という読者の方がいらっしゃいました。その方はブログのコメント欄を通じて悩みを打ち明けられたので、アドバイスや神様のお言葉をブログに書かせていただいたのです。すると息子さんは次第に外出できるようになり、いまでは将来の夢に向かって勉強をはじめるまでに元気になったといいます。

こうした奇跡が起きるのは、私が直接アドバイスをさせていただいた方だけに限りません。ブログを読んだり、ブログ画面を開くだけでも、数多くの奇跡が起きるようになったのです。

たとえば、「ブログ画面を開くと顔や体が熱くなった」「ブログ画面を表示した携帯電話を頭に当てると頭痛が楽になった」「娘のお腹に（ブログ画面を表示した）携帯電話を当てると腹痛が消えてしまった」「ブログを読むことでお通じがよくなった」「ブログを開いている指がジンジンしてきた」などの報告が寄せられるようになりました。ほかにも、「ブログを読むことで悩みが解消し、心が楽になった」「ブログを読んで前向きな気持ちになれた」という感謝のお言葉をいただく機会も増えてきています。

では、なぜブログを読んだり、画面を開くだけでこうした奇跡が起きるのでしょうか。それは、私のブログから不思議な光（宇宙のパワー）がシャワーのように出ているからです。この光のシャワーを浴びていると、心身が癒され、体の毒が溶け出していくので、体も気持ちも元気になっていくのです。

奇跡が起きる理由はそれだけではありません。光のシャワーを浴びることで、体に憑《つ》いている霊がサトり、その方の体から離れていく場合もあります。すると、人間の体に憑いていた霊が救われることになり、その結果、霊に憑かれていた人自身の体調が楽になるのです。ブログ読者の方々から寄せられる奇跡の数々は、こうして宇宙のパワーを浴びることで引き起こされているのです。

ブログだけでなく、私の一冊目の著書『WATARASE』や二冊目の著書『あなたこそが救世主《メシア》―WATARASE〈Vol.2〉』を読んだ方にも奇跡が起きています。たとえば、「『WATARASE』を体に当てると腰痛や頭痛が楽になった」「『WATARASE』を枕元に置くと熟睡できた」「『WATARASE』を枕元に置いて眠ると喉の調子がよくなった」「起動しなくなったパソコンのうえに『WATARASE』を置くと、パソコンが普通に立ち上がった」などの報告が数多く寄せられています。

さらに奇跡の連鎖は続いています。ブログを読み、私がゲスト出演させていただいている講演会に参加することで、奇跡の体験をされる方が続出しはじめたのです。講演会での奇跡は、二冊目の著書にも書かせていただきましたが、たとえばこんなご報告がありました。

その方は以前から手の湿疹がひどく、受診する皮膚科を何度変えても治らなかったといいます。ところが、講演会の最後におこなっている私のサイン会で、その方と握手をさせていただいたところ、手の湿疹がきれいに消えてしまったというのです。

じつは、私の手からも宇宙のパワーが出ています。そのため、その方の手を包み込むようにして宇宙のパワーを入れさせていただいたのです。宇宙のパワーを浴びたことで毒素が抜け、病院では治らなかった湿疹が一気にひいてしまったのでしょう。

別の講演会ではこんなこともありました。講演会に参加された方の息子さんのゲーム機に、「宇宙のパワーを入れながらサインをするね」と言いながらサインをさせていただいたことがあります。そのゲーム機は壊れていたようなのですが、私がサインをさせていただいた次の日に、なんと直ってしまったというのです。

こうした奇跡はほんの一例にすぎません。ブログも書籍も講演会も、すべての奇跡は神様による宇宙のパワーのおかげです。私の能力ではなく、すべて神様が、その方の心を見て、しくまれてくださっていることなのです。「神様がしてくださることは本当にすごいな」と、いつも私自身、感心しています。

きっかけは神様の啓示

私がブログをはじめたのは、神様の啓示がきっかけでした。「ブログから不思議なパワーが出るようになる。読むだけで奇跡が起こるブログになるので、早くはじめなさい」と神様から言われたのです。

当時、私はブログがどういうものかを知りませんでした。そこで、パソコンに詳しい方に芸能人のブログを見せてもらいました。すると、その日の行動や食事の内容などが写真つきで紹介されています。しかし、私が芸能人と同じように食事の内容などを載せてみたところで、読まれる方の参考にはならないでしょう。なにを書いたらいいのだろうかと思案していると、「考えるよりもとにかくはじめなさい」と神様にうながされ、ブログを立ち上げることにしたのです。

ブログをはじめるにあたり、神様から最初に言われたのが次の言葉です。

ブログの一文字一文字を、自分の魂を込めて打ちなさい。

読んでくれる方への感謝の気持ちを持ち、

読んでくれる方が幸せになってほしいと心から願い、自分の手で打つのです。

けっして人に文字を打ってもらってはいけません。

自分で愛と念を込めて打つことで、

ブログを読んでくれる人に奇跡が起きるようになるのです。

ブログ開設当初から、この神様のお言葉を守り続けています。読んでくださる方々のことを思い、心を込めて一文字一文字、自分の手で打ち込んでいます。

ブログをはじめた当初は、正直、「本当に奇跡なんて起こるのかな」と、半信半疑に思っていました。しかし、ブログを開設して一年半余りが経過したいま、読者の方々に奇跡が起きているのを目の当たりにして、誰よりもまず自分自身が驚いています。神様のお言葉を守り、自分の手で書き続けて本当によかったと思っています。

ブログを書いているとき、「この文章は自分の思いではないな」と感じる瞬間がよくあります。これは、神様が私の体を使い、読者の方々に伝えたい思いを書かれているのです。とくに私自身が疲れているときは、神様が余計に助けてくださるように思います。

ブログに載っている神様のメッセージの多くは、ブログを書きながら受けているメッセージがほとんどです。その場で神様からメッセージを受けて書いているので、私の原稿ではありません。自分の言葉のように書いていても、神様の言葉のときがあるのです。ブログに集ってくれるみなさんの質問に答えているときも同じです。自分の言葉のように書いていても、その多くは神様の言葉です。

また、ブログを開設してからの約一年間で、すでに書籍二冊分に相当するボリュームの原稿を綴っていたようです。読んでいただく人のことを思って文字を打っていると、「あんなことも伝えたい」「こんなことも伝えたい」と、次から次へとメッセージが浮かんできて、文面がどうしても長くなってしまうのです。

さらに白状すると、私はパソコンが苦手なので、ブログの文章はすべて携帯電話で打ち込んでいます。だから毎回とても時間がかかり、ひとつの内容を完成させるのに三～四時間ほどもかかってしまいます。

ブログの開設当初は、右手に携帯電話を持ち、親指を使って文字を打ち込んでいました。ところが、右手ばかり酷使した結果、右手首の軟骨が炎症を起こし、ボコッと飛び出してしまったのです。痛くて文字が打てなくなり、整体に行くと、「携帯ボタンの打ち過ぎです」と先生に言われてしまいました。それ以来、携帯電話を机のうえに置き、ボタンをひとつずつ押さえるようにして文字を打ち込んでいます。

仕事で日本全国を飛びまわる生活を続けていますので、ブログを更新できる時間がとれないことがほとんどです。しかし、読んでくださっている方のことを思い、睡眠時間を削ってでも更新するよう努めさせていただいています。

ブログを本にした理由

ブログの内容をあえて本にしたのには、理由がふたつあります。まずひとつ目は、ご高齢の方などブログを読まれていない方にも、ぜひ内容を知っていただきたかったからです。私のブログでは、個人的な日々の出来事に加えて、心を高めるために大切だと思うことを、神様のお言葉とともにご紹介しています。また、読者の方々がコメント欄を通じて書かれている悩みや疑問の一部にもお答えしています。ブログを読まれていない方々にとっても、なにかの参考になればとの思いを込めて、本にまとめることにしたのです。もちろん、本書からも宇宙のパワーが出ていますので、ブログが見られない方にも、きっとなんらかの奇跡が起こってくるはずです。

　ふたつ目の理由は、ブログの文章と神様からのメッセージを、もっと読みやすくなるようにまとめたかったからです。以前、ブログの内容を書き出してノートをつくっているという方がいらっしゃいました。ブログは手軽にアクセスできる半面、読みたい内容を探すのに手間取ったりもします。ブログの内容を編集することで、本書がノート代わりになればと思っています。ただし、ブログの内容を本にするにあたり、ひとつだけ残念なことがあります。私のブログには、毎回、きれいな空や虹など、私が撮影した写真を掲載しているのですが、それらの写真を本では紹介しきれなかったことです（カバーの袖に三点載せてあります）。もっといろいろな写真をご覧になりたい方は、ぜひパソコンや携帯電話等でブログをご覧ください。

　ちなみに、私のブログは「Ａｍｅｂａ（アメーバ）」という無料のシステムを使っています。もちろん無料のシステムですので、多くの人がブログを読んでくれたからといって、私に広告料などが入るわけではありません。

ところが、以前、勘違いをされている方がいらっしゃいました。ある方から「大森さんのブログについていた広告をクリックしたら、二万円の前金を支払うと優先的に相談に乗ります、と表示されました。本当ですか?」と聞かれたのです。

「アメーバ」というブログは、管理者の意図に反して自動的に広告が挿入されます。ブログの文面をコンピュータが解析し、勝手に広告が表示されてしまうのです。私のブログはスピリチュアルな内容を含むため、誰か別のカウンセラーが出しているインターネット広告が自動的に表示されていたのでしょう。私は広告を出すことはありませんし、そのように前金を受け取るなどのことも一切しておりませんので、ぜひお気をつけいただければと思います。私の面談が申し込み殺到のため二年半待ちの状態となっているので、このような勘違いを招いてしまったのかもしれませんね。

私のブログを見てくださる方々は、魂のつながりのある人びと、まさに魂の家族だと私は思っています。本書を読まれることで、ブログを通じて広がりをみせる魂の家族の仲間に一人でも多くの方に加わっていただければと思っています。ブログの宣伝をしたいわけではもちろんありませんが、ブログを見ていただくことが、結果としてその人自身のためになるのです。

また、本書には、ブログには載っていない神様のメッセージも掲載しています。神様のお言葉は、読者のみなさんの参考となる内容が多いはずです。ぜひご自身の状況に当てはめてお読みいただき、疑問や悩みの解決につなげていただければ幸いです。

＊＊＊

自然災害は人の心を高める〝神鍛え〟

ここからは、本書でお伝えしたい思いを書いていきます。

いま、地球が進化する時期を迎えています。みなさんは最近、地球がおかしくなっていると思いませんか？　記録的な猛暑にゲリラ豪雨、季節外れの台風、ひと昔前の日本では珍しかった竜巻、東日本大震災をはじめとする巨大地震に大津波……これらの自然災害はすべて、地球の進化に関わっているのです。

地球の進化とは、次元上昇（アセンション）とも呼ばれています。これは、物質文明である三次元の世界から、より高次の文明に進化することをいいます。次元上昇が起きたあとの新たな文明は、現在のような物質文明ではありません。いわば、心の文明といえるでしょうか。あるいは、のちにお伝えするように、神様が直接指導をしてくださる素晴らしい世界であるともいえます。

では、なぜいま地球は進化する時期を迎えているのでしょうか。その背景には、人間の心の状態が影響しています。

人類が誕生してから今日に至る過程において、私たち人間は高度な科学技術に裏づけされた物質文明を築き上げました。しかし、多くの人びとが、自分たちを創り上げた神の存在を忘れ、自己中心的な生き方をしています。

物やお金ばかりを追い求めたり、義理人情や思いやりよりも損得を優先したり、他人を犠牲にしてでも成功したいと考えたり、地位や名誉を手に入れたいと考えたり、快楽にふけったり……つまり、物質文明の発展と引きかえに人びとの心が悪くなってしまったのです。

さらに、人間本位の贅沢《ぜいたく》な生活を送るためにエネルギーを大量消費し、地球環境を破壊し続けてきました。加えて、人類は、宇宙のルールで禁止されている核開発を世界規模で続けています。神様は以前、「原子を分解することで、地球はもちろん他の惑星にまで悪影響をおよぼしてしまうことになる。いずれは阻止していかなければならない」とおっしゃっていました。今回の福島第一原発の事故も、神様のそんな思いが含まれているのではないでしょうか。心が悪くなった人間をこのまま住まわせておくには、地球はもう限界にきているのです。

地球は生命体です。人間に自己治癒の力があるように、地球にも自浄能力がありまます。地球はいま、この自浄能力を使い、人間の意識が生み出した膿《うみ》を出し切ろうとしているのです。

地球の自己治癒能力による大規模災害が、これから世界中で次々と起こっていきます。今後の予定として、具体的には、熱波や寒波（大雪）、スーパー台風、竜巻、突風の発生といった気候の大変動、大地震や火山の噴火などの大規模な自然災害、強毒性ウイルスが猛威を振るう感染症、大規模な核爆発などが起こります。神様は、「近々、世界中に新型インフルエンザを引き起こす」、「核爆発により、世界中に放射能がまん延する」などとおっしゃっています。一切の薬が効かないスーパー細菌や変異したウイルスも出てくる予定ですので、いまから用心していただければと思います。

人の心をよくするための地球の進化が、ついにはじまってしまいました。人間が歳《とし》をとるのを止められないように、地球の進化を止めることもできません。心が悪くなった人類の意識レベルをよい方向へと高め、お互いを思いやり、共存できる星へと地球を戻すために、次元上昇は避けられないステップなのです。

いま、地球の進化に合わせ、人間の心を進化させないといけない時期にきています。今後発生する自然災害の数々は、人間の心を高める〝神鍛え（神様により与えられる試練）〟でもあるのです。

人間の意識で変えられる次元上昇のシナリオ

次元上昇と聞くと、「なにか恐ろしいことが起こるのでは」と不安に思われている方がいらっしゃるかもしれません。二〇一二年地球滅亡説に関するさまざまな予言が出ているのも、そうした不安心理を引き起こす理由のひとつとなっているのかもしれません。

しかし、必要以上に恐れる心配はありません。地球の進化を止めることはできないにしても、次元上昇のシナリオは、人びとの意識の持ち方次第で変えられるからです。

神様は今後、地球規模で数々の自然災害を引き起こしていきます。それに伴い、世界中で多くの人びとが命を落とすことになるかもしれません。ですが、そうした状況においても、自分よりも他人のために生きようと努力し、心を高める努力をしている人びとは、神様に選ばれて生き残ることができます。そうして生き残った人びとが、新たな文明を築き上げていくのです。

素晴らしき次期文明

私は、予知夢として、神様から次期文明を何度も見せられています。宇宙には、過去・現在・未来の姿をすべて教えてくれる図書館のような場所があります。それを一般にアカシックレコードと呼びます。私は夢でアカシックレコードに連れて行かれ、新たな文明を何度も見せられているのです。

私が予知夢で見た次期文明は、素晴らしい世界でした。たとえば、次元上昇したあとの新たな文明では、死の意味が変わっています。この三次元の物質文明に生き、肉体を持つ人間にとっては、親しい人と別れるのは悲しいものです。なぜなら、「亡くなった人とは二度と会えない」と思っているからです。もし仮に、地球の進化によって誰かの命が失われることになっても、できれば親しい人との別れを経験したくないのは当然ですね。

ところが、次元上昇が起きたあとの心の文明では、死に対する感覚が物質文明とは異なっています。次期文明にも「死」は訪れ、物質文明と同じように肉体は脱ぐのですが、亡くなった人と自由に再会できるのです。

私が以前、新たな文明を夢で見せられたときは、すでに自分の両親は肉体を脱いでいました。ところが、私が子どもたちと「おじいちゃんとおばあちゃんはどうしているんだろうね?」と話をしていると、「ここにいるでしょう」と、ふたりが急に私たちの目の前に現れたのです。もちろん、肉体はないので、地に足がついているわけではなく、体をさわることもできません。どこか半透明のような状態です。しかし、紛れもなく、生きているときと同じ姿のおじいちゃんとおばあちゃんが目の前にいるのです。

これは、私たちが「おじいちゃんとおばあちゃんに会いたい」と望んだので、神様がふたりの魂と幽体・霊体を目の前に降ろしてくださったのです。特殊な能力がある一部の人だけが見えるわけではありません。新たな文明では、亡くなった人と再会するのが普通の状態になるのです。だから、次期文明では、「死」が悲しく絶望的な別れではなくなります。

次期文明では、亡くなった人だけではなく、神様も目の前に現れます。神様の話をすれば、目の前に姿を見せていただけるのです。これはなにを意味するかというと、次元上昇によって、神様が直接指導をしてくれる文明になるということです。

神様が目の前に現れてくださいますので、悪いことをする人がいなくなります。だから警察や刑務所、裁判所がなくなります。神様が直接指導をしてくださるので、争い事も起こらず、悪人を裁く仕事が必要なくなるのです。

次期文明では、心の悪い人間がいなくなるので、病気もなくなります。病気がないので、病院や医師も必要なくなります。ただし、神様は、「虫歯にはなるので、歯医者だけは必要です」とおっしゃってみえます。

また、まるでSF映画を見ているように、自動車が空中を走るようになります。反重力エネルギーを使い、車を浮かして走るので、大気汚染の心配もありません。さらに、反重力エネルギーは物質同士が反発するので、車同士が追突しそうになってもぶつかることがありません。だから、自動車事故もなくなるのです。

これらの説明は、次期文明の様子のほんの一部にすぎませんが、これだけでも次期文明がどれほど素晴らしい世界であるのかが分かるものと思います。しかし、ただ一点、私が個人的に残念に思ったことがあります。それは食事です。夢で見せられた新たな文明では、食事が簡素化されており、濃縮された栄養を錠剤で摂取していました。スチール製の容器のなかから、黄色や青、赤などの粒を取り出し、それを口に入れて終わりなのです。三次元の食事とは違い、グルメの楽しみがなくなるようです。その状況を夢で見せられ、唯一、食事に関しては、がっかりしてしまいました。

とはいえ、新たな文明は素晴らしい世界に違いはありません。神様のご予定でこの文明がいったん終わるとされていたとしても、それでもやはり私たちは「この地球に住み続けたい」と願うものです。この思いを大切に、「自分たちが希望あふれる未来を創るんだ」という信念で、日々正しく生き、心を高める努力を続けていきましょう。一人でも多くの人たちが心を磨き、希望あふれる未来を思い描くことで、明るい未来を創造できると信じています。

目次

プロローグ　――「読むだけで奇跡が起きるブログ」から生まれた本――　1

ブログ読者から奇跡の報告が続々　1
きっかけは神様の啓示　5
ブログを本にした理由　9
自然災害は人の心を高める〝神鍛え〟　12
人間の意識で変えられる次元上昇のシナリオ　16
素晴らしき次期文明　17

第一部　魂の家族　29

魂の家族に捧げる神様からのメッセージ　30
◆人付き合いについて◆　32

人間同士が支え合い生きる姿は美しい　32
自分から相手を愛してあげること　37
両親との関係に悩む人へ　38
感謝の気持ちを言葉で伝えてみる　41
夫婦はお互いが修行相手　44
心からご主人を尊敬する　45
◆子育てについて◆　46
「育児は育自」。子どもが親の反省点を教えてくれる　46
親の都合で叱ってはいけない　48
「ダメ」という言葉を使わない　53
〝ごっこ遊び〟をしてあげて　54
赤ちゃんがえりは普通の感情　55
◆地球の未来について◆　57
人のために生きる自分に変わる　57

埼玉県でバナナが実った⁉ 61
温暖化防止を神様にお願いする 69
なぜ熊が〝害獣〟にならざるを得なかったのか 73
富士山の噴火は近い⁉ 73
◆平和について◆ 79
一人一人の意識で平和な世界は築ける 79
戦争で平和を勝ち取ることはできない 83
◆霊について◆ 85
恨み・憎しみの感情を持つと生き霊になる 85
小さいおじさんはご先祖様？ 89
人を救う方法。それは祈ること 90
幽霊さんの苦しみを理解してあげる 95
霊が憑きやすい場所は？ 97
石には霊が憑きやすい？ 99

◆次元上昇について◆　101
次期文明は愛のあふれる文明　101
次期文明に役立つテレパシー交信　103
神様から守られる自分へ変化しよう　106
みんなで次元上昇するために　110
奇跡の体験で神を理解する　114
自分たち人間のおこないを反省する　115
大難を小難に変える　117
◆魂の向上について◆　121
心が汚れるときの感情とは？　121
気持ちを切り替える方法　123
自分という存在の素晴らしさに気づく　125
どんな理由があっても自殺は絶対にダメ　132
つらい経験が魂を向上させる　134

魂（心）が目覚めるとは　139
心身を浄め、感染症から身を守る　140
配偶者の死を乗り越えるために　142
神様にゆだねる生き方　143
家族からの忠告は神様の言葉　144
嘘をつくのは大きな罪　145
相手を救済する嘘もあるが、反省は必要　150
毎日の反省で魂がリセットされる　152
なにかをはじめるのに遅過ぎることはない　154
人のために生きることで悩みが解決する　155
つらいときこそ笑顔　158
自分をなくすことの大切さ　160
苦労するほど魂のレベルが向上する　162
自分を褒めて、自分を信じる　164

人のために行動する　165
相手に対する感情は自分に返ってくる　167
今日一日を大切に生きる　167
そろそろ本気になりませんか？　169
まず周りの人を幸せにする　170
人間の心が変わると神様のご計画も変わる　172
子どもたちの未来は大人にかかっている　173
◆**夢の実現について**◆　176
夢が叶うと信じる　176
必ずそうなると信じて祈る　180
試練が来ると思うと本当に来る　181
「わくわく」はパワーを倍増させる　183
夢を実現させる方法　184
いまの境遇を人のせいにしない　186

願えば叶う　191
◆病気について◆　195
川崎病の原因は霊障の場合も　195
引きこもりのお子さんには愛情を注いであげて　197
根昆布水の飲み方　199
リラックスのための呼吸法　203
第二部　各地の講演会参加者に対する神様のお言葉　205
おわりに　228

第一部　魂の家族

魂の家族に捧げる神様からのメッセージ

愛です。

人の心を動かすことができるのは、本物の愛しかない。

本物の愛には、打算も欲もない。

本物の愛が、人を救う。

なにも難しいことではないし、お金もかからない。

もともと人間たちが持っているものを開花させるだけです。

このブログへと集められたあなた方には、それができますから……。

これは、ブログの読者の方々へ向けた神様のメッセージです。私のブログには、日々心を磨く努力をされている方々が、神様によって集められています。ブログの読者の方々は、地球が進化をする時期を迎えたいま、ともに心を高め、ともに次元上昇する魂の家族なのです。

そんな魂の家族の方々に対して、これまでブログを通じて神様のメッセージをお伝えしてまいりました。この章では、ブログを通じて魂の家族の方々とやり取りした話を中心に、より広く一般の方々に参考となりそうな内容を選りすぐって編纂《へんさん》しています。便宜上、ブログの内容をいくつかのカテゴリに分類し、まとめさせていただきました。ブログの枠を飛び越え、より多くの方々に魂の家族の一員になっていただき、ともに心を高めながら次元上昇のときを迎えられたらと願っています。

◆人付き合いについて◆

人間同士が支え合い生きる姿は美しい

ブログ読者の方から、私の著書である『WATARASE』に掲載している神様のお言葉に対してご質問をいただきました。Hさんがご質問された神様のお言葉の抜粋は以下となります。

どんな親であっても、それは、君たちに必要があるから
その親のもとに生まれさせたんだよ。

こんな親は、イヤだ。こんな親じゃないほうがよかったなんて

いつまでも思わず、もういいかげんにあきらめなさい。
いまさら今生の親を変えようたって変えられないからね。
（『WATARASE』111ページから抜粋）

このメッセージを見て、「前生（世）のおこないが、今生（世）に影響しているのでしょうか」と疑問をもたれたようです。

このお言葉にあるように、私たちは、生まれる前に親を選んだわけではありません。神様が、私たちの魂を向上させるため、必要な親のもとに生まれさせてくださるのです。

親から虐待を受け、苦しい思いをしている子どもさんもいらっしゃるかもしれません。しかし、その子どもさんにとっては、その親のもとに生まれる必要があったので、生まれさせられているのです。

読者の方が書かれていたように、前生（世）でのおこないが、今生（世）に影響していることは本当に多いものです。

今生（世）でいじめに遭ったり、親に虐待されたりした場合、前生（世）で自分が誰かをいじめていたり、自分の子どもを虐待していた場合が結構あります。こうした話は、私が普段カウンセリングや霊査をおこなっているなかでも、よく出てきます。今生（世）でつらい思いをすることで、前生（世）の罪をみそいでいるのです。

でも、それだけではありません。子ども時代に親から虐待を受けていた人を将来、同じ境遇にいる子どもたちを救う仕事につかせたいと思い、神様があえてそうしたつらい体験をさせている場合もあります。虐待を受けている子どもの気持ちを心から理解できるように、神様がしくまれている場合もあるということです。すべての物事には意味があり、なにひとつ無駄はないのです。

ここ最近、ニュースでもよく取り上げられるように、児童虐待が増えています。現在、六日に一人の割合で虐待死している、という悲しい現状があるのをご存知でしょうか。虐待されている子どもを預かる一時保護所は、どこも定員オーバーでパンク寸前だそうです。

いまのままでは、児童虐待が増える可能性もあるので、なんとかこの状況をみんなで改善できればと思っています。

五～七次元にいらっしゃる神様は、常に三次元に住む私たち人間の魂（心）を見ておられます。私たちのこの肉体にはあまり捉われていないのです。

そして、神様の子どもでもある私たちの魂をなんとしても向上させて、何万年、何十万年先の未来には、五～七次元（神界）に上がらせてやりたいというのが、神様の本当の願いなのです。信じられないかもしれないのですが、いずれは私たちも神様になってしまうのです。

しかし、私たち人間は、いまのこの肉体や人生がすべてだと思いがちです。目の前で起こる事象に捉われ過ぎながら、数十年先の自分の未来を気にしながら生きています。ここに、神様と人間とのギャップが生じてしまうのです。神様のお考えに矛盾を感じたり、冷たいと思うのは、普通の人間なら仕方のないことかもしれません。次元の違いからくる矛盾を埋めていくのは、人間同士の愛しかないのです。

人と人とが触れ合い助け合う。苦しむ人たちを人間同士で励まし、癒していく。こうした人間同士の愛に満ちた生き方が、今後ますます大切となるでしょう。

狂ってしまった世の中では、霊たちも狂ったようにあがき出しています。前生（前世）のおこないが関係しているだけでなく、そんな霊に憑依された親も増えているのが現状で、悲惨な事件は後を絶ちません。

虐待に遭っている子どもたちだけでなく、心や体が傷ついた人たちを見て、「助けてあげたい」「守ってあげたい」と思い行動するのは、健全な人間であれば当然の感情ですよね。「人間同士が相手のことを考え、支え合い生きている姿は、とても美しい人間たちの姿です」と神様はよくおっしゃいます。

私の家からほど近い家の子どもさんが、親に怒鳴られて玄関の外に締め出され、大泣きしているときがあります。そのたびに私は気になり、「なにかあればかけつけなければ」と思っています。

自分の家の近所に住んでいる人は、縁がある人の場合が多いものです。もしご近所さんで気になることがあれば、率先して明るく笑顔でお声がけをしてあげてくださいね。

自分から相手を愛してあげること

以前、「人から恨まれるのはつらい……乗り越えるコツはないですか」という質問をいただきました。もちろんコツはあります。自分を恨んでいる相手を、ただ愛してあげることです。

恨まれたときに、恨んできた相手にその念を送り返すこともできます。しかし、それをすると、恨んできた相手に大きなエネルギーを返すこととなり、恨みの二倍どころのダメージではない、より大きな災いを相手にもたらしてしまいますから、あまりしないほうが無難です。恨んできた方の命取りにもなりかねないのです。

また、相手に念を送り返したことにより、その念がまた自分へと返ってきてしまい、とても危険な目に遭うこともあります。

それよりも、恨んでくる相手を愛してあげることです。そうすることで、あなたに対する相手の恨みの感情は、必ず薄らいでいきます。最初はつらくても、ぜひ実践してみてくださいね。

両親との関係に悩む人へ

両親と縁を切られ、悩んでいる方がいらっしゃいます。じつは、私も数年前まで、親から縁を切られていました。姉や兄、友人たちからもです。なぜなら、いまの私の使命を理解してもらえなかったからです。一時期、私が子どもたちとも離れて暮らすことになってしまい、それを両親や周りのみんなが怒っていたのです。

会ってはもらえないけれど、時々、母には電話だけはしていました。そんなある日、父に大腸がんが見つかりました。「すでに進行していて肝臓にも転移がある。だから検査入院することになった」と母から聞かされて、大変なショックを受けました。

「親でも子どもでもない。縁を切る」と言われていたので、「なにしに来たんだ」と怒鳴られるのは覚悟で、とにかく思い切って病院へ会いに行きました。いてもたってもいられなかったのです。

一人で車を運転して病院へ向かう道中もドキドキして、「やっぱり帰ろうか」と迷う自分がいました。

病院の待合室で、父の姿を見つけたとき、「なんて言ったらいいのかな」と考えつつ、思わず口から出た言葉は、「あっ、お父さん、大丈夫?」でした。久しぶりに会ったのだから、もっと気の利いた声かけができればよかった、とすこし後悔したり…。でも父は、寂しそうな微笑みをうかべながら、「来てくれたのか」とひと言、いってくれました。

多くを語らなくても、それだけで親の気持ちは十分に伝わってきました。私に使命があるにしても、親に心配をかけたことは事実です。心から反省しなくてはいけないと強く思いました。

同時に、「なにがなんでも父親の大腸がんと肝臓がんを治していただきたい!」

と、必死に神様にお願いしました。そして宇宙のパワー――神様の光のこと。奇跡の講演会でも参加者の方々に入れさせていただいています――を父に入れさせてもらった結果、なんと肝臓がんが消えてしまったのです。さらに大腸がんも小さくなり、手術も簡単に済みました。その結果、父が嫌がっていた人工肛門をつける必要もなくなったのです。これは『WATARASE』にも書かせていただきました。

すごい奇跡を神様からいただき、父の病気は完治し、いまも元気にしています。それどころか、いまは私がゲスト出演させていただいている講演会にも時々来てくれて、母とともに私の活動を応援してくれています。さらに親だけでなく、友人たちも連絡をくれるようになったのです。あのとき、勇気を出して父に会いに行き、本当によかったと思います。

もし両親との関係がうまくいかなくなった方がいらっしゃれば、勇気を出して会いに行かれ、コミュニケーションをとってみられるのも解決策のひとつだと思います。

感謝の気持ちを言葉で伝えてみる

「私は姑とうまくいかず悩んでいます。どうしても合わない人にはどう接するのが一番よいのでしょうか。相手が姑なので話さないわけにもいかず……。愚痴や悪口はいけないとわかっているのですが、つい出てしまいます。こんな自分も嫌だし、悪循環に陥っています。いつか、自分に返ってくると思うと、仲よくしなくてはと思うのですが……。なかなかうまくいきません」

これは私のブログのコメント欄に書かれていた内容です。この方と同じように、姑さんとうまくいかず悩まれている人は多いでしょう。こうした方に対して、神様から次のようなメッセージをいただきました。

気が合う人ばかりでは、なにも修行にならなくて、
のちのちあなた自身が困ります。
ここ（現界）は、魂を向上させるための修行の場です。
気が合ってもらっては、
修行のために生まれさせた意味がない。
気が合わない相手こそ、あなたが感謝をすべき人です。
なぜなら、その人がいてくれるからこそ、
必ずあなたの魂は向上できるからです。
必ずです。

たとえば、普段から姑さんとうまくいっていない場合、まず姑さんに感謝の気持ちを持ってみてください。すると、姑さんの気持ちが変わり、態度も変わってくるはずです。

でも、「心を込めて感謝をしよう」といっても、最初は難しいものですよね。だから、最初は口だけでもいいので、「お母さん、ありがとう」「お母さん、長生きしてくださいね」などと、感謝や労《ねぎら》いの言葉を伝えてみてください。すこしずつでいいのです。これを毎日続けるとかなり効果があり、姑さんの態度が必ず変わってきます。

姑さんの態度が変わってきたなと思ったら、さらにもっと感謝の言葉を伝えてあげるといいでしょう。姑さんに直接言えない場合は、メモ書きや手紙でもいいので、ぜひ感謝の気持ちを伝えることからはじめてみてくださいね。

夫婦はお互いが修行相手

夫婦関係について、神様から次のようなお言葉をいただいています。

あかの他人が一緒に暮らす。
気が合わなくて当たり前。
気が合ってもらっては困る。
それでは人生修行にならないから……。

夫婦がお互いに理解し合えるのは、結婚して五十年くらいたったころ、金婚式を迎えるころです。ここに至るまでにはいろいろあると思います。なにか起こったり、ケンカをするたびに、「この人のおかげで自分の魂はますますレベルアップできる。ありがたいな」と思いましょう。

心からご主人を尊敬する

以前、ブログ読者の方から次のような相談がありました。

「私の主人は、結婚後、勤めた会社の職場で必ず問題が起きます。倒産だったり、リストラだったり……主人はとても真面目な人ですが、運が悪いのでしょうか。講演会に主人も誘ったのですが、かたくなに、行きたくない、の一点ばりです」

この方のご主人の場合、霊障もあり、いろいろと邪魔をされているようです。でも、ご相談者にできることはあります。最初にしていただきたいことは、なかなか仕事が続かないご主人であっても、奥さんが心からご主人を尊敬してあげることです。決して上から目線でご主人を見てはいけません。「仕事をしていないなら家事くらい手伝ってよ」なんて思ったり、口に出さないことです。こうした時期は、とことんご主人に尽くしてあげたいところです。邪霊は、夫婦仲を悪くさせたいと思っていますので、このように邪霊の思惑に反した態度を奥さんがとることで、状況が変化する場合もあるのです。

◆子育てについて◆

「育児は育自」。子どもが親の反省点を教えてくれる

ブログの読者の方々から、「子どもが急に熱を出して心配している」といった相談が寄せられることがあります。

九歳くらいまでのお子さんが熱を出したり、体調を崩したりした場合、親（とく

に母親）に反省点や直さなくてはならないことがある可能性があります。親の反省点を知らせるため、そうした症状がお子さんに出てしまうのです。

反省点とは、たとえば舅や姑、旦那さんなどに対して悪想念を抱いたり、育児を面倒くさいと思ったり、育児の手抜きをしたり、家族のことではなく自分のことばかり考える、などです。心当たりのある方がいらっしゃるかもしれないですね。

子どもが体調を崩したのを見て、母親が自分のおこないを反省したとしましょう。すると、翌日には子どもの体調がよくなることもあるので不思議です。子どもを通して、親はいろいろ学ばせてもらうのです。じつは私も、子どもたちが小さいころはよく反省させられていました。

神様は、「育児の結果が出るのは、子どもが二十歳になってからです」とよくおっしゃいます。だから私もまだ育児中ということですね。

子どものお弁当をつくって送り出したり、勉強を教えたり、塾へ送迎したり……こうして体が動いて、子どもの面倒を見られることにまず感謝をしましょう。「育児は育自」なんです。育児中のお母さん、そしてお父さん、「育児は育自」と考えて、がんばっていきましょうね。

親の都合で叱ってはいけない

先日、買い物に出かけたスーパーで「どんなチョコレートを買おうかな」とお菓子の棚をながめていると、五〜六歳の男の子が私の隣にやってきました。すると、その男の子のお母さんが追いかけるようにやってきて、「今日は買わないって言ってるでしょ。なにしてるの！」と、すごい剣幕で怒鳴りはじめたのです。男の子はしょんぼりとしながら、お母さんと一緒にその場を立ち去りました。

男の子は、ただお菓子を見ていただけです。「お菓子を買って」とねだったわけではありません。なのに、あんなふうに怒られて、なんだかかわいそうで仕方がなく、自分だけチョコレートを買ってはあの男の子に申し訳ない気がして、私も買わずに帰りました。

その数日前にはこんなことがありました。また別のスーパーで、ある親子（母親と子ども三人）が買い物をしていました。すると、小学二～三年生の女の子が、ハムを持ってお母さんのところへ行き、「これ食べたい」とお願いしています。するとお母さんは、いきなりその女の子の背中を強く「ドンッ」と押して、「置いておいで」と怒鳴ったのです。女の子は、強く押された勢いでヨタヨタとなって倒れ込み、足をぶつけて「いったぁ」といって座り込んでしまいました。

そこから女の子は、心にシャッターを下ろしてしまい、お母さんの言葉はまったく入らない状態となっていました。その姿を見て、お母さんはさらに怒鳴り続けています。でも女の子は、叱られ慣れているようで、母親を完全に無視するかのように、パンを見ながら鼻歌をうたっていました。

立て続けにこんな場面に出くわして、「最近のお母さんのなかには、子どもの気持ちを第一に考えず、自分の都合だけで叱る方が多くなったのかな」と、すごく心配になってしまいました。

これでは、子どもたちが「なぜ自分が叱られたのか」がわからず、納得もいかず、反抗心が芽生えます。親の気分や都合で叱られたのでは、子どもたちがかわいそうです。
神様は、育児についてもよくお言葉をくださいます。たとえば、こんなメッセージがありました。

親の心に「育ててやっているんだ」
という気持ちがあってはなりません。
いまは、自分の子どもとして生まれてきていても、たいていは、過去生において、その子どもたちは、
自分の親であった場合が多い。
「育てさせていただいている」
という感謝の気持ちで育児をし、
相手が子どもであっても尊敬の念を抱くようにしなさい。

このお母さんも、いきなり子どもさんの背中を押すのではなく、「なぜハムは買わないのか」の説明をして、その都度、子どもさんを納得させてあげたら、親子でお互いに成長できるのではと思いました。

以前、ファミレスでこんな場面にも出くわしました。洋服にケチャップをこぼして汚してしまった三歳くらいの女の子に向かって、母親が「なにやってるの。この服、高かったんだからね」などと、しつこく叱っているのです。それを見ていて、「なにか違うな」と強く思いました。

三歳くらいの子どもは、服を汚して当たり前ですね。そもそも、親の見栄で高い洋服を着させられているだけです。子どもにとってはありがた迷惑な話でしかありません。そんなに汚れて困る服なら、部屋に飾っておき、毎日、拝んだりして着させないようにされてはいかがでしょうか。

親が、自分の手間ひまがかかって仕事が増えるとかお金がかかるなどの都合で子どもを叱るのはよくありません。それでは子どもたちは納得がいかず、傷ついたり、親に反抗心が芽生えます。そうした気持ちは、思春期（中学生くらい）に爆発する場合が多いようです。親が年老いて弱ってから、子どもの心のなかに仕返しの気持ちが出てくる場合もあるようです。

子どもを持つ親御さんは、毎日、本当に大変だと思います。でも、育児は、どこかのタイミングで手をかけないといけないようになっているのです。どうせなら、まだかわいい時期にうんと手をかけ、時間をかけてあげたいですね。そうすれば、思春期の難しい年齢や、子どもが中高年になってから手をかけなくてもいいようになります。

「育児は育自」を合言葉に、お子さんを育ててあげてください。そのほうが、親である自分もあとで楽ができますから。

「ダメ」という言葉を使わない

私がゲスト出演させていただいている奇跡の講演会に参加されることで、「イライラすることがすくなくなった」などの報告をくださる方がいらっしゃいます。とくに小さなお子さんを持つお母さんの場合、子育てに疲れてイライラしがちになる気持ちもよくわかります。そしていつしか、気持ちのはけ口が子どもに向かい、「これをしてはダメ」「あれをしてはダメ」と、否定的な言葉で叱ってしまうのでしょう。

でも、お子さんの才能を伸ばすためにも、否定的な言葉はできる限り使わないようにしたいですね。「ダメ」という言葉は使わず、「なぜそれがいけないのか」を説明し、子どもが自発的にやめる方向にもっていってあげるのです。ダメという言葉は、子どもの才能の芽をつぶしてしまいます。ダメという言葉で、子どもは急にやる気をなくします。子どもがいかに自分からやめるようにするか。お母さんの腕の見せどころです。

〝ごっこ遊び〟をしてあげて

ブログの読者の方から、「もうすぐ二歳になる子どもがタオルに執着があり、手元にタオルがなくなると泣きわめくので心配しています」という質問をいただきました。このケースはあまり心配ないと思います。

赤ちゃんは指しゃぶりをしていると安心するのと一緒で、そのタオルが、そのお子さんにとっての安定剤のようになっているだけなのです。もうすこし大きくなり、他のものにも興味がわいてくれば、たいていの場合は治るはずです。

ただ、もし母乳をあまりあげることができなかった場合、赤ちゃんはさみしい思いをしているはずです。だからその分、ほかの方法でスキンシップをたくさんとるといいと思います。テレビを見せるより、抱っこして絵本を読んであげたり、歌をうたってあげるなど、〝ごっこ遊び〟をしてあげるといいでしょう。

指しゃぶりもそうですが、退屈してさみしくなると、赤ちゃんは自分の世界へ入っていきます。そして、ほかのことに興味を示さなくなってしまいます。そうなる前に、いつも手をかけ、声をかけ、退屈させないように遊んであげてくださいね。三～四歳までそうして遊んであげると、きっと情緒の安定した子どもさんになると思います。

赤ちゃんがえりは普通の感情

「上の子が二歳で、赤ちゃんがえりがひどい」といったご相談が寄せられることもあります。お母さんは、ふたり目が生まれると、下のお子さんにかかりっきりになるものです。すると、上のお子さんは、いままでお母さんを独占してきたのに、「自分のことをかまってくれなくなった」と思うものです。

なにかを要求したりわがままを言えば、「ちょっと待っててね」「あとでね」「お兄ちゃんでしょ」「もうお姉ちゃんなんだから」って言われてしまう。すると、「自分もあの赤ちゃんみたいになれば、お母さんはかまってくれるのかな」と思うのは、普通の感情でしょう。

お母さんが大好きだから、なんとか自分のほうを向いてもらいたい。そうやって一生懸命にお母さんの注目を集めようとして、いたずらをしたり、忙しいときに限ってベタベタとくっついたり、あれこれ要求するのです。そんなときは、下のお子さんは一旦放っておいて、まず上のお子さんの要求を満たしてあげるようにしてあげてください。

下のお子さんの授乳時以外は、なるべく上のお子さんを抱きしめたり、一緒に遊んだりしてあげましょう。そして、下の子がいないところで（ゼロ歳の赤ちゃんでも人の話はしっかりと聞いているので）、「○○ちゃんが一番かわいいよ」「○○ちゃんはお母さんの宝物だからね」「お母さんのところに生まれてきてくれてありがとう」と、上のお子さんに何度も言ってムギューって抱きしめてあげてくださいね。

これを毎日続けたら、情緒が安定し、上のお子さんの赤ちゃんがえりは落ち着いてくるはずです。さらに、下のお子さんの世話をしてくれるようにもなり、お姉ちゃん、お兄ちゃんぶりを発揮してくれます。

下の子が赤ちゃんのときは大変だと思います。だけど、上の子に手をかけてあげたほうが、結果的には育児がスムーズにいく場合が多いのです。上の子の赤ちゃんがえりは、ずっと続くわけではありませんから。

◆地球の未来について◆

人のために生きる自分に変わる

世界はもちろん、日本各地でも、地球温暖化による乱気流が発生することがあり、雨と風がひどい時期があります。そういう時期は竜巻も発生しやすい状態ですので、その日一日を振り返り、反省し、心をクリーンにすることが大切です。地球の未来について、以前、神様から次のようなお言葉をいただきました。

ニュースを見ても、毎日のように殺人事件が報道される。
それも自分の住む街や近郊の街でも悲惨な事件が起きている。

親が子を……子が親を……

自分にとってかけがえのない存在の人たちをも、
金のため、自分のプライドのために……と殺《あや》める。
人間たちは、ついに狂い、ここまできてしまった。

経済状況も悪化し、仕事も減らされる。
仕事はあっても、給料は減らされ、苦しい生活。
しかし、ギリギリの生活であっても、いまはまだいい。

食糧が手に入るから。

この先訪れる食糧難の世界から見れば、
口にする食べ物があるだけ、いまは、まだ極楽のようだ。

温暖化が進むにつれ、人間たちには想定不可能な気象状況となる。
いままで起こったことがない、
誰も知らないような状況が次々と起きてくるから、想定は不可能。
一日のうちでも天気や気温が激変する。
台風並みの突風が吹き荒れ、
季節感の認識が変わるほど、大気の状態は不安定となる。
いまの人間たちの心同様にね。
夏になったからとはいえ、暖房器具やコートがしまえない。
夏なのに突然、真冬のような状況となる日があるから、
植物、とくに農作物は枯れ果て、家畜も死に絶える。
地球上がそうなり、食糧危機は急速に進む。
いまは信じられないかもしれないが、
そんな日が今後訪れる予定となっている。
そんなか、もっと信じられない光景を目の当たりにすることとなる。

それは人間が人間を食う姿。
目の前に地獄絵巻のように……
生きるために手段を選ばない、人間たちの弱肉強食の様子を見る。
自分たちも動物だったのか……と落胆する。
どんな状況に置かれていても、決して自分を見失うことのないように。
そのためにもいまから心を磨き、
人のために生きられる己へと早く変わってください。
本当の愛の人になってください。
身近な人たちへの愛ではなく、万人を愛せるような、
神に近い心の人間へと変わってください。
こうして、この言葉を耳にした、目にした人たちは
それができる魂に最初からつくられているから、伝えているのです。
人から愛されたいと思うのではなく、
あなたが周りの人たちへ愛を与えてあげてください。

人の心を動かす、変えることができるのは、本物の愛しかありませんから。
周りのすべてを愛しいと感じ、愛せる人となっていくのですよ。
そうすれば、あなた自身も愛の光に包まれ、
本当の幸せを手に入れられますから……。

みなさん、ささいなことで落ち込んだり、悩んだりする時間があれば、今後の地球や人間たちをよくしていくことを一緒に考えていきましょう。

埼玉県でバナナが実った⁉

地球環境がおかしくなるなか、今後、日本にスーパー台風がやってくる可能性があります。スーパー台風とは、最大瞬間風速が七十メートル級の猛烈な風が吹く台

風です。

恐ろしいのは暴風だけではありません。台風は海水温二十七℃以上で発生する可能性があるため、昔は南国の海上で発生していました。ところが、温暖化が進行している現在は、関東エリアまでが台風の発生可能範囲となっているようなのです。二〇一〇年には、沖縄付近でいきなり発生した台風もありました。

今後、東京湾沖付近で台風が発生し、東京都内を直撃することもあるかもしれません。もし風速七十メートルの暴風が吹けば、東京都内が水浸しになるような高潮や津波が起こる危険性もあります。日本の海上で発生すれば、あっという間に上陸する可能性もあるので、災害に対して準備をする時間もありません。

そういえば、二〇一〇年、埼玉県朝霞市の民家の軒先で、バナナが実ったそうです。数年前に沖縄でバナナの木の苗を買い、庭に植えたところ、実をつけたとのこと。埼玉で実ったバナナをテレビで見てびっくりしました。ついに日本も南国になってしまったということでしょうか（じつはわが家ではパパイヤの芽が出ました。70ページで詳しくお伝えしています）。

とりわけ、最近の夏は猛暑が続いています。異常な暑さで氷河も大量に溶け出して、東京ドーム五千個分以上の氷河が漂流してくるそうです。今後、海に沈んでしまう街や島がどんどん増えてくる予定なので、寂しいですね。

また、桜の花が見られなくなる日が近づいています。桜は、日本のように春夏秋冬がなければ――とくに寒い冬が必要です――花が咲きません。私が以前、海外と日本の姉妹都市提携を結ぶ仕事のお手伝いをさせていただいたとき、友好の記念にと、オーストラリアの北部（亜熱帯気候）に桜の木を植樹したことがありました。でも、まったく花は咲きませんでした。ハイビスカスやブーゲンビリアもきれいだけど、桜はやっぱり見たいですよね。日本で桜が見られなくなるのは、とても寂しいことです。

今後、世界規模の災害や異常気象が増えてきます。みなさん、これからなにがあっても大丈夫なように、自分の中心をきちんと定めておいてください。〝自分の中心を定める〟とは、地に足をしっかりとつけることでもあります。

そのために大切なことはなんでしょうか。それは、祈ったり、黙そうしたり、黙祷《とう》をするなどして、神様（宇宙意識）と波長を合わせることです。では、神様（宇宙意識）と波長を合わせるにはどうすればいいのでしょうか。一番手っ取り早い方法は、どちらを向いてでもいいので祈ることです。神様にお願いしたことは、どんなことでも必ず聞いてはくれています。ただ、その願いが叶《かな》うかどうかは、願い事をした人の心を見て神様が決められるそうです。だからこそ日々、心を磨き、神様から守られる自分になることが大切です。

また、自分の中心を定めるためには、できる限りストレスを溜《た》めない生活に切り替えることも重要です。自分自身を常にリラックスさせ、どんなときにも慌てずに対応できるようになりたいですね。

では、ストレスを溜めないためには、どんな方法があるのでしょうか。簡単な方法は、旅行に出て、ストレスが溜まる環境からいったん離れることです。でも、しょっちゅう旅に出ることはできないので、自分なりの方法を考えてみるといいでしょう。

育児でストレスを溜めているお母さんの場合、たまにはご実家や旦那さんにお子さんをみてもらい、数時間でも自分の好きなことをするとリラックスできます。

友達とランチをしたり、ショッピングをするのもいいでしょう。でも、一番いいのは、自然のなかに自分を置くことです。森へ行って木を抱いたり、山を歩いたり……自然や土や水にふれることで、自分の中心のズレが直ってくるのです。そうすれば、ストレスを溜めにくい自分になっていきます。最近、山登りが流行《はや》っているのも、リラックスできて調子がよくなるとみなさんが気づきはじめたからかもしれません。

ただ、いくら旅行をしたり、自然と触れ合っても、自分の中心が定まらない人がいます。それは、人を恨んだり、許せない気持ちがあったり、意地悪な気持ちがある人です。そうしたネガティブな感情を持ってしまうと、中心が定まるどころか、中心がどんどんズレていってしまうので、事件や事故に巻き込まれたりする危険性が増していきます（すべてがそうではありませんが……）。自分が他人に対して思ったことが、すべて自分へと刃を向けて、すごい勢いで返ってくるのです。ネガティブな感情ではなく、いつも豊かな気持ちで過ごしたいですね。

神様と波長を合わせることの大切さについて、神様から次のようなメッセージをいただいています。ご参考にしていただければと思います。


百パーセント安全な原発、百パーセント安心できる原発などない。

それをあなた方は、今後もつくれない。それはなぜか？

答えは簡単、あなた方は、いま肉体を持ち、この三次元空間に存在する人間だからです。

人間たちに百パーセント完ぺき…

ということを期待するのは、やめたほうがいい。

たまたましたことが、百パーセント完ぺきの状態だったということは、ありうる。しかし、百パーセント完ぺきと、

物事をはじめる前に言い切ってみたところで、そうなるかどうかは、
　　　　　終わってみないとわからない。
　自分の寿命がいつまでなのかも、普通はわからない。
　　わからないことばかりで、暗中模索状態の中で、
　　　　日々、生き続けている人間たち。
　だから、不安や恐れを感じるのは、当然のことです。
不安や恐れは、自分が思いきった行動をとるのに邪魔をする。
　　　なかなか、前へ進めなくなってしまう。
この不安感、恐怖感をいとも簡単に取り除く方法を教えます。
　あなた方の不安や恐怖を取り除く、なくすには、
まずわれわれ、高次元の存在と太いパイプでつながることです。
　われわれ、高次元の存在のことを、あなた方人間たちは、
「神」「神様」「菩薩」「キリスト」「ヤハエ」「エホバ」
「釈迦」「アラー」「創造主」などなど、

さまざまな呼び方をしていますが、呼び方はどうでもいい。
あなた方の心（魂）と、われわれの心（魂）とが確実につながり、
結びついていければ、それでいい。
肉体ある者同士の心と心が結びつくには、どうしますか？
まず、お互いを知るために会話をするはずです。
これは、われわれも同じ。
われわれと対話をする時間を、あなた方の日常に少々取り入れてもらいたい。
あなた方の言葉を借りて言えば「祈り」ということでしょうか。
一心に祈る…日々の生活において、そんな行動をとることが、
不安感、恐怖感をなくす一番手っ取り早い方法。
そして、なによりも、それをすれば人生が思いどおりに進めます。
自分で、自分なりに祈ってみる。
どちらを向いてでも、どんな方法でもよい。
これは、一銭もかかるものではない。

しかし、それにより、今後の人生がどんどん良くなっていく…

祈ってなにひとつ損なことはなし。得があるのみ！

祈りは、次元を超えることができる素晴らしいもの。

この三次元にいながらにして、四次元、五次元、六次元、七次元、さらなる上へとつながることができ、高次元からの応援、協力を得られるという、すごいものなのです。

温暖化防止を神様にお願いする

地球温暖化の影響で自然の摂理が狂いはじめ、夏なのに紅葉してしまった場所があるそうです。地球は一体どうなってしまうのでしょうか。「もう自分たち人間の手で地球温暖化を止めることはできないのでは…」とあきらめず、みんなで「温暖化の加速が緩やかになるように」と、神様（宇宙意識）にお願いをしてみましょう。温暖化を完全に止めることはできないにしても、すこしでも長く、美しい桜の花が見られますように……。

日々の生活では、私はエコを心がけています。同じ思いの方々をもっと集め、一緒に地球の未来を素晴らしい方向へと変えたいなと思います。

埼玉県の民家でバナナが実ったと前述いたしましたが、じつはわが家ではパパイヤの芽が出ました。スーパーでパパイヤを買って食べたあと、「埼玉県でバナナが実るなら、岐阜でパパイヤがなるかも」と思い、種を鉢に植えてみました。すると、一週間でたくさんの芽が出たのです。去年はアボカドの種を植えたら、観葉植物みたいに茎が伸びて、成長しました。日本は本当に亜熱帯になってしまったのかもしれないですね。

ちなみに、神様が教えてくださったのですが、わざわざアラスカまでオーロラを見に行かなくても、近い将来、日本でもオーロラが見られるようになるそうです。

しかも、北海道など寒い場所だけではなくて、南の海沿いの地域でも頻繁に見られるようになるらしいです。

日本でもオーロラが見られるのは嬉《うれ》しいと思われる方も多いでしょう。しかし、これはあまりよい兆候ではありません。なぜなら、いまの地球文明の終わりが近づいているしるしだからです。

神様がおっしゃるには、オーロラは地球の磁気と関係があるそうです。これから地球の磁気のバランスや磁場が乱れてくるので、その現れとしてオーロラが日本でも出るとのことです。

また、地球温暖化は夏場にだけ影響するものではありません。冬にも大きな影響を及ぼします。神様は次のようにおっしゃっています。ちなみに、神様によって口調が異なりますので、そのことを踏まえたうえで以下のお言葉をお読みいただければと思います。

地球温暖化の影響は、
夏の猛暑やゲリラ豪雨に巨大台風、竜巻だけではない。
大寒波や豪雪など、冬にも影響を及ぼすようになってきておる。
あっという間に氷河期のような気象状況になることもあり得るほど、
温暖化の加速は待ったなしじゃ！
路面の凍結があるやもしれぬと意識して、
車を走らせるように。
どんな場面においても、なにが起こってもおかしくない
地球環境にきておるという危機感だけは常に持つように。
そして、なにが起きても神に守られるおのれに
一日もはよう変わることじゃぞ。
いままでの言動、行動を、とことん反省して泣いてみるんじゃ。

はよう変われるコツを伝えたぞ。

みんなで一緒に神様から守られる自分に変わりましょう。なにも心配は必要ありません。この本を読まれているあなたは、必ず変われるから大丈夫ですよ。変われる人だから、この本を手にしてくださったのです。

なぜ熊が〝害獣〟にならざるを得なかったのか

近年、熊が山から下りてきて町に出没していると話題になっています。私は、子どものころから未来の出来事を夢でも見せられています。何度も見た同じ霊夢（予言、予知的な意味のある夢）のひとつに、次のような夢がありました。

その夢では、熊が家のなかに入ってきて、私は家中を逃げ回っていました。ドアを閉めても次々に壊されていきます。そして、二階の部屋のドアを閉めてクローゼットに身をひそめた瞬間、必ず目が覚めるのです。

この夢を見ていた若いころは、野生の熊が町にある民家に入るなんてありえない時代でした。「こんな夢を見るなんて、自分のなんらかの心理状態が夢で現されているのかな」と思い、あまり気にしていませんでした。しかし、最近のニュースで、熊が網戸を破り、部屋にいた人間に襲い掛かってケガをさせた事件を知り、あれも霊夢（予知夢）だったと納得したのです。ついに熊たちの人間に対する怒りがここまできたのかと驚いてしまいました。

テレビで熊を〝害獣〟と言っているのを聞き、悲しい気持ちになりました。なぜ熊が〝害獣〟にならざるを得なかったのか。このことを、もっと報道してほしいのです。

人間たちが自然を破壊し、気候まで変えてしまったことで、熊の餌となるドングリなどが山になくなってしまいました。そこで危険を承知のうえ、命懸けで町まで下りてくる熊の気持ちをもっと考えてほしいのです。

自分ではなく、子どもたちには餌を食べさせてやりたいという母熊の必死の思いを、どれくらいの人間たちがわかってあげているのでしょうか。そして、熊たちが安心して生きていける環境を奪ってしまったことを反省し、動物たちのためになんとかしたいと考えて、実際に動いている人たちはどれくらいいるのでしょうか。

数年前、豚インフルエンザが出たあと、神様が教えてくださったことがあります。

人間たちは人間同士で、
動物たちは動物同士で生活をしていれば問題ないものを、
人間が動物の生活環境を破壊し、
住む場所を失った動物たちは、人間の生活圏内へと現れ、接触する。
そこで、動物たちの体内にいたウイルスが人間たちへ感染し、
新たなウイルスが生まれる。

最近の熊たちの出没状況を見ていても、また新たなるウイルスの脅威がはじまる日は近いかもしれない。そう思ってしまいます。

富士山の噴火は近い⁉

昨年の冬、東京へ向かう新幹線のなかから見た富士山が美しかったので、写真を撮りました。しかし、よく見ると、新幹線の窓から向かって右側の雪の部分が、途中から黒くなっています。これは、私だけが見たのではないようです。知り合いの方が「富士山の中腹あたりの雪だけ溶けて、上から黒い火山灰がかかっていた」と話をしてくれました。

二〇一〇年十二月、神奈川県で空から黒い粉が降る異変がメディアで報道されました。この原因を、神様は次のように教えてくださいました。

あの黒い粉は、富士山の火山灰がミニ竜巻により
（以前、おたまじゃくしや小魚が空から降ってきたように）、
上空に巻き上げられ神奈川県に落ちてきたものである。
富士山の噴火は、
そんなに遠い将来のことではないというお知らせでもある。

富士山の中腹あたりで小規模な噴火があったのでしょうか。そういえば、以前、山梨県の方から、「近所の家を取り壊したわけでもないのに、家にネズミが入ってきて困っている」と相談がありました。「富士山の噴火や地震の前には動物が移動する」と神様がおっしゃっていますので、なにか関連があるかもしれません。

また、神様は以前、「噴火の一週間ほど前、空に白い十字の雲が出る」とおっしゃっていましたので、みなさんも常に空を見るようにしていただければと思います。これは、噴火に限らず、なにかが起こる前兆として、空にこのようなしるしが現れる場合もあるようです。

富士山が大噴火すると、想像を超えるほどの広範囲に火山灰が降ります。日本の大気は火山灰に覆われて、太陽の光は遮断され、昼間でも薄暗い状況が続きます。そうなると、しばらくは農作物が出来なくなったり、ライフラインが止まったり、寒くなったりする場合もあるので、すこしずつ準備をされたほうがいいでしょう。食料や水は、最低三カ月分ほどは常備をされることをおすすめします。さらに、寒くなるので、備蓄品のなかに雪山用の寝袋やスキーウエアもあるといいかもしれません。

その時期が近づけば、私のブログでお伝えいたします。富士山の噴火はめったに見られるものではありません。だから、準備はしつつ、楽しみに待つくらいの大きな気持ちで過ごしましょう。なんでも前向きに明るく考えたら、楽に乗り越えられますから。

◆平和について◆

一人一人の意識で平和な世界は築ける

以前、小学校の跡地に福祉施設を建設中、戦時中にアメリカ人が落とした爆弾（しょうい弾）が地中から出てきたそうです。長さ約六十センチ、直径約二十センチの爆弾が落とされ、すでに六十年以上も経過しているのに、まだ炎を上げ、火を吹き出している映像がテレビに映し出されていました。それを見て恐ろしい気持ちになると同時に、「なんでいまでもこんな爆弾が地面から出てくるんだろう」と考えていると、神様が次のようにおっしゃいました。

戦争を決して忘れてはならない。
これは、なにも太平洋戦争に限ったことではない。
すべての戦争のことを言っているのです。
戦争で命を落とした人びとの気持ち、
戦争で家族を亡くした人びとの気持ち……
いくら自分が体験してみなければわからないとはいえ、
そんな気持ちをわかろうともしない……
いえ、興味すらわかない若い世代の人間たちが増えてしまった。
平和ボケしてしまった、というだけではすまされない。
こんなことでは、またそんな体験をする日がくるかもしれない。
日本の近隣の国（朝鮮半島）の情勢も緊迫しています。
まだ他にも不発の爆弾は地面に埋まっている。

爆弾だけではなく、戦争で命を落とした多くの人びとが地縛霊となり、いまもその土地にたくさんいて、苦しんでいることも事実なのです。

その地縛霊たちは、いまの時代の人間たちの姿を見て、どう思っているのか？

一度考えてみるのも必要なことです。


私の父は、戦時中に学生時代を過ごしました。岐阜がひどい空襲を受けた日、父は友だちとある場所で待ち合わせをしていたそうです。ところが、空襲警報が発令されたので防空壕に避難し、空襲が収まったあとに約束の場所に行くと、ござ（わらでつくった敷物）のうえに被爆された方々の遺体が並べられていたといいます。そしてそのなかに、約束をしていた友だちの変わり果てた遺体があり、頭の中が真っ白になったそうです。

終戦前には、ひどい空襲がふたたびあったそうです。空襲が収まったあとに防空壕から出ると、自分の家が跡形もなく、地面には池が出来るほどの大きな穴があいていたといいます。家に一トン爆弾が直撃し、父は一瞬にしてすべてをなくしてしまったのです。戦争は、命はもちろんのこと、人びとからいろいろな物や思い出の品々まで奪い去るのです。

私たちの意識を「戦争は絶対にしないぞ」という強い思いに変えていけば、なにかが変わるはずです。一人の思いより、二人、三人……と、一人でも多くの人が思うほうが強く影響していきます。これは、二人なら二倍、三人なら三倍ではなく、もっと大きく膨らんでいくと神様が教えてくださいました。

意識改革をして、戦争のない平和な世界を築くことは可能だとも教えてくださっています。ぜひみなさんと平和な世の中にしたいですね。

戦争で平和を勝ち取ることはできない

以前、「友好的な戦争は必要である」とアメリカのオバマ大統領が言っているのをニュースで聞き、耳を疑いました。友好的な戦争なんてあるのでしょうか。神様からいただいたお言葉を以下に掲載します。

戦争は、人間たちの動物的感情がぶつかり合ったときに起こる。
　動物たちの縄張り争いとなんら変わりはない。
戦争で平和を勝ち取ることは無理で、なんらかのひずみが必ず生じる。
いったん平和になったかのように見えても、ふたたび戦争が起こる。
　人間たちが、意識改革もおこなわなければ

同じ過ちを繰り返すことになってしまう。
　悪の連鎖は続く。
魂をレベルアップさせ、動物の域から早く脱しなさい。
魂が進化すれば、戦争をするという発想自体、まったくなくなる。
　争う気持ちはなくなり、病気もなくなる。
その時に本当の幸せな世界が訪れる。

このメッセージを神様からいただいたとき、「なるほど」と思いました。みなさんにもなにかを感じていただけたらうれしいです。

◆霊について◆

恨み・憎しみの感情を持つと生き霊になる

ブログ読者の方々のコメントを読むと、「人生経験が豊富なのかしら」「苦労を体験させられ悟られたのかしら」などと、いろいろなことがよくわかり、感心します。みなさんがいま以上に豊かで満ちあふれた人生を生きるために、なにかお役に立てることが私の喜びです。

苦労は、神様によって体験させられる場合が多いようです。人間の魂を鍛えるためであったり、人の痛みのわかる人間になってもらうためであったり……。いずれにせよ、その人の魂が向上するために必要なので、苦労が与えられます。さらに、苦労した人は、魂が一気に進化します。そう思ったら、苦労もすこしは楽しめてこないでしょうか。

さて、以前、お亡くなりになられた有名人の方のことを考えていたとき、神様が「あの人は生き霊により命を落とした」とおっしゃって、びっくりしました。

私のところへご相談にこられる方の場合、多くの方が霊障（霊の災い）を受けておられます。たいていは、亡くなられた霊が、その人の健康や人間関係、金銭的な面を邪魔しています。その場合は、霊を切ったり、離脱させたり、サトしたりします。

でも、ごくまれに生き霊の場合もあります。その場合は、切ったり、サトしたりできないので、とりあえず追い払います。以前、追い払っているとき、その生き霊がはっきりと姿を現したことがあります。すると、その憑かれた方と親しい人が生き霊となって現れたので驚きました。そのときは、生き霊にやられないように、憑かれて苦しんでいる方にお話をさせていただきました。

人を恨んだり、憎んだりすることは、最も魂を汚す行為です。そうした感情を持つことで、自分は無意識なのに、相手に生き霊となって飛んでいってしまう場合があるのです。その場合、相手を遠隔的に苦しめてしまうので、大きな罪を犯してしまうことになります。

また、自分が生き霊となって憎む相手に飛んでいったのに、その相手に跳ね返されて、自分自身が命を落とすような大災難に遭うことも結構あります。やはり、人を恨んだり憎んだりするのは危険なことなのです。

そういえば、以前、家の外で知り合いの生き霊を見ました。そこにいるはずのない老人が真っ黒い影となり、立っていたのです。その人の場合、岐阜のこの場所へ来たくて仕方がなかったのでしょう。家へ帰るように話すと、すぐに消えてしまいました。

生き霊についてブログに書いたあと、読者の方々から「恨みや憎しみ以外の感情でも生き霊になることはあるのでしょうか」という質問をいただきました。

生き霊は、恨みや憎しみの感情だけではありません。たとえば、「羨望」「嫉妬」などの感情でも、生き霊になって相手に飛んでいく場合があります。

最近、ご相談を受けた方の場合、「時々、羽交い締めにあっているように首が絞まり、頭の血流が悪くなって苦しい」とのことでした。その方を見させていただいても、亡くなったご霊さんは憑いていません。そこで、神様におうかがいすると、「時々苦しくなる理由は、『羨《うらや》ましい』という念がきているからである」とのことでした。

たしかに、その方は美しくて頭もよく、家庭運や金運もあるような、人から羨ましいと思われるタイプです。その方のところへきている生き霊は、相手の念のようなものです。その方が苦しくなった最中に私が見ても、おそらく姿や形は目に見えないでしょう。

また、ブログ読者の方から「霊になって飛んでいっているとき、自分自身はどうなっているのでしょうか。起きている？ 寝ている？」との質問をいただきました。

これは、いろいろなケースがあります。

たとえば、その人そのものの姿形で幻のように現れた場合は、飛んできた相手は眠っている場合が多いものです。このタイプは、私も何度か見ています。以前、本人の姿で生き霊となり、現れた方に確認すると、「うたた寝をしていました」などとおっしゃっていました。黒い色や影が生き霊というわけではないのです。

小さいおじさんはご先祖様？

以前、「小さいおじさんを見た」という方がいらっしゃいました。神様がおっしゃるには、それは四次元の霊界にいる人なのだそうです。そして、それを見る人と縁のある霊界の人なので、ご先祖様を見る場合も多くあるそうです。だから、小さいおじさんを見てもあまりいやな気持ちになったり、怖い印象はないとのことです。

霊界の人は、二十歳から歳をとりません。にもかかわらず、おじさんに見えてしまうのは、その魂が最後に生まれたときの姿で見える場合が多いからだそうです。あるいは、人間たちの固定観念により、そう見えてしまう場合もあるのだそうです。

では、なぜ小さく見えるのでしょうか。それは、いくらご先祖様とはいえ、実物大で姿を現すと見る人がびっくりして、恐怖感を与える場合があるからだそうです。ただし、小さく見せているだけで、本当は小さくはないそうです。

小さいおじさんは霊界の方なので、スーツや着物を着ていたり、紋付きはかまの方もいます。私が見た方の場合、ジーンズに白いTシャツを着ていたり、カウボーイハットをかぶったり、柔道着を着ている人もいました。霊界って、結構自由な服装なのですね。

ちなみに、姿を見せる先祖霊は男性が多いのですが、まれに女性もいるとのことです。だから、〝小さいおばさん〟もいるということですね（笑）。

芸能人の方々が、テレビで「小さい人を見た」などと話をされる場合があります。しかし、芸能人が見ているなかには、動物霊のトリックの場合もあるそうです。キツネやタヌキの霊が人をからかい、いろいろな姿に化けて見せるそうです。みなさんも、キツネやタヌキの霊に騙《だま》されないように気をつけてくださいね。

人を救う方法。それは祈ること

ここで怪談話をひとつ。

以前、ある夜に自宅マンションのエレベーターに一人で乗り、一階に降りました。そしてすぐ用事を済ませ、またエレベーターに乗ろうとすると、エレベーターは八階に止まっています。そこでエレベーターのボタンを押そうとすると、マンション裏出入口の扉が「バタンッ」と音を立て、まるで誰かが外出先から戻ってきたかのような音がしました。そして、ドアから男の人の幽霊が入ってきて、エレベーターに乗ってしまったのです。乗ったとはいえ、閉まっている扉のなかへ入り込んだという感じです。エレベーターは八階に止まったままなのに、です。「幽霊さんは関係なく乗れてしまうんだ。肉体がないって便利だな」と思っていると、エレベーターが八階からすーっと降りてきました。

エレベーターが開き、なかを見ると……誰も乗っていません。「男の幽霊さんは途中の階で降りたんだ。よかった」と思いつつエレベーターに乗り込むと、なんとエレベーターの床が水びたし状態に濡れています。さきほど降りてくるときにはまったく濡れていませんでした。晴天続きのカラカラ天気だったので、雨に濡れた人が乗ったわけでもありません。さすがに気味悪い感じがしました。

これについて、あとから神様に教えていただきました。岐阜県の長良川で水死（溺死）した、若い男性の幽霊さんだったそうです。三階で降りたとのことでしたが、どこへ行かれたのでしょうか。

普通であれば、事故死や自殺者は地縛霊となり、その土地に縛られて半径五十メートルしか動けないはずです。そのご霊さんは、きっと反省され、地縛霊をとかれたのでしょう。ご霊さんが苦しみから救われてよかったと思いました。

――怪談話はどうでしたか？

こうして怪談話をさせていただいたのには理由があります。私たちは、動かずに人を救っていく簡単な方法があるのです。これは、いま自分のことで精いっぱいの人でも簡単にできるのです。

その簡単なこととは……神様に祈ることです。祈るといっても、宗教的な祈りではありません。神社仏閣に参拝して祈るのではなく、みなさんのご自宅でできることです。どちらを向いていても、なにかに向かってでもいいので、気持ちを集中させ、いったん雑念を取り除きます。

たとえば、「虐待を受けている子どもたちが、どうか一日でも早く幸せになりますように。神様、お救いください」「戦争がなくなり、本当の世界平和が実現しますように」など、内容はできる限り具体的に声に出して祈ってみてください。

個人的なことも含めて、どんな祈りも神様は聞いていらっしゃることは確実です。そして、それが実現していくイメージも頭のなかに想い描いてください。できれば朝晩、具体的に自分がどうなりたいのかを祈ってみるといいでしょう。

以前、ブログのコメント欄に次のような悩みが書き込まれました。

「神を恨んでしまいました。親をも恨みました。人を恨むのがよくないのはもちろん、神を恨むなんて大層な罪ですね。ずっと悩みを抱えてきました。最近、霊能者の方に将来を占ってもらったら、結婚できないと言い切られました。他の霊能者の方からも、一生独身といわれました。もう絶望していたはずなのに、結構ショックを受けました。これまで、悩み事や嫌なことならたくさんありました。きっと魂は進化したと思います（でも人や神様を恨むと、意味がないですね）。人を思いやることは、すこしはできます。でも、こんな人生を生きることに、一体どんな意味があるのでしょうか。神に愛があるなら、この魂を消してほしいです」

この方のようにつらい毎日を過ごされている場合、もしよろしければ、前述のように自分のことを毎日、神様に祈ってみてください。できれば朝晩、具体的に自分がどうなりたいのかを祈るのです。

前述のコメントを寄せてくださった方は、いまはすこし波長が合っていないので、つらいのだと思います。もし、自分はダメな人間だと思っている方がいれば、いまの現実に幸せを感じることです。一生、つらいだけの人間は一人もいません。

たとえば、目が見え、四季折々の美しい日本の姿が見られたらどんなに幸せでしょうか。目が見えない方々にぜひ伝えてあげて、なんとか同じ感動を分かち合いたいと思うでしょう。耳が聞こえれば、素晴らしい音楽を聴くことができて幸せです。目が見え耳が聞こえれば、話ができたりメールが打てるので、自分の気持ちや意見を相手に伝えられます。自分って素晴らしいのです。魂を消してほしいなんて言葉を簡単に口に出したら、本当の親である神様がどんなに悲しまれることか……。

「一人孤独でとても寂しい」と思っている人も、けっして一人ではありません。一人になりたくてもなれないのです。いつもあなたのうしろには、あなたのためだけにつけられている背後霊さんが五人もいらっしゃいます。さらに本当の親である神様は、常に過干渉過ぎるくらいに毎日、二十四時間態勢で見ていらっしゃいますから。

幽霊さんの苦しみを理解してあげる

「最近、身近で不思議なことが起きています。私は見えたりはしないのですが、気配を感じることがあります。でも、そんな能力はないので、気のせいだと思っていますが……。身近な人たちは、自分が見えることに怯《おび》えています。先日、娘と友人が、いまは空き家となっている実家へ掃除をしに行ってくれました。その時、友人の方が、娘についてまわる白い煙のようなものを何度か見て、娘もなにかに引っ張られたそうです。結局、娘は鏡にはっきりと映ったお爺さんを見てしまい、熱を出してしまいました。私も、その夜は腰が痛み眠ることができませんでした。娘も友人も怖がっています。家でも、娘が女の人が立っていると言います。なにか私たちに伝えたいことがあるような気がしています。どこかに、お祓《はら》いか相談に行ったほうがいいのでしょうか」

これはブログ読者の方からの相談です。この方のように、一般に幽霊に対して恐ろしい感情を抱く人が多いと思います。しかし、幽霊さんたちは、ただ肉体がないだけで私たちと同じ人間です。だから、怯える必要はありません。私たちも肉体とお別れしたら幽霊になるのですから。

幽霊さんは、自分の苦しみをわかってほしいときや、自分の存在に気づいてほしいときなどに、いろいろな方法で訴えてきます。たとえば、一番多い方法は音を出すことです。幽霊さんの姿を肉眼で見える人がすくないからです（普通は異次元の物や姿形は見えないようになっています）。壁や天井、家具、ペットボトルなどが「ビシッ」「バシッ」「ポンッ」などと、ラップ音を立てるのです。

また、幽霊さんが苦しみを訴えてくる場合もあります。この場合、訴えられた人は、幽霊さんが苦しんでいる箇所が苦しくなってきます。たとえば、右手を切り落とされた武士の幽霊さんが苦しみを訴えてくれれば、本当に右手が、もぎ取られるように痛み出したりする場合もあります。そうなったときは、「苦しかったねぇ」「痛いねぇ」と声に出して言い、幽霊さんの痛みや苦しみを理解してあげ、早く修行の場（幽界）へ戻られるよう、サトしてあげるといいでしょう。

怖がったり、怯えたりすると、ますます怖いことをしてくる場合があります。毅《き》然《ぜん》とした態度で、愛を持って接してあげてくださいね。

霊が憑きやすい場所は?

「霊が憑きやすい場所や行為は?」というご相談もよくあります。あくまで一般的なことで、人によって違うので、あまり気にせず読み進めていただければと思います。

まず、霊の憑きやすい場所はあります。（神様不在の）神社、お寺、お墓や古墳、古戦場跡、城や廃墟になっているような古い建物、病院、火葬場、斎場、トンネル、地下街などです。

行為というよりは心持ちです。自分の体調が悪かったり、心が疲れていたり……。「霊が憑いたらどうしよう」などと心配ばかりしていると、よけいに霊が憑きやすくなります。だから、あまり気にしないことです。

また、霊が憑いても操られない自分になることも大切です。これに関しては、私の二作目の書籍『あなたこそが救世主《メシア》―WATARASE〈Vol.2〉』に詳しく書いています。それでも体が気持ち悪いときは、霊を切るか（私がゲスト出演している講演会でも切るときがあります）、サトしてあげることです。

ただし、変なところへ行き、騙されないでいただきたいと思います。騙されている方が結構多くて気の毒です。人のことを非難するのは好きではないのですが、あくどい方々も多いので、みなさんが騙されないためにも見極める力を持ってくださいね（このことに関しても二作目の書籍に詳しく書いています）。

石には霊が憑きやすい？

「いま人気のパワーストーンについてです。自分の誕生月に、初めて天然石のブレスを買い求めました。ですが、翌月に嫉妬や妬みからのリストラに遭ってしまいました。ある人は、それをつけたことで引き寄せてしまったのではと、ポロッと言いました。それ以外にも、数人の方から『石の持つ意味だけで選んでも、いまのその人の状況では逆効果になる石もある』『石の並び方も個人の状況で違いもある』『ただクラスターに置いておくだけでは完璧な浄化にはなってない』など、いろいろなことを言われました。見るときれいだし、落ち込んでいるいまの自分に必要かもしれない。そう思っていくつも買いましたが、実際に持つことでマイナスになってしまうこともあるのでしょうか。もしそうなら、自分にとって良い石、悪い石の見分け方を教えていただければと思います」

このように、パワーストーンに関するご相談も多数寄せられています。石は、宝石も含めて霊が憑きやすく、念が入りやすいものです。「これらの石を手に入れてからよいことがない」と相談にみえる方も多く、ほとんどの石によくないご霊さんが憑いていました。

「石をもらってから、仕事がうまくいかない」と相談にこられた方もいらっしゃいます。その方の石を見せていただくと、その石をプレゼントしてくれた方の生き霊（嫉妬の念）が入っていました。亡くなられた方の霊や動物霊なら、サトしたり、切らせていただくなどで、元の石に戻すことができます。しかし、生き霊の場合は、そうはいかないのです。

かなり前のことですが、「ある宝石を手にした人が次々に亡くなる」という話を、有名デパートに勤務している方が教えてくれました。その宝石を持っていた方が亡くなられて、デパートに返品されたそうです。その後、他の人に何度売っても不幸現象が起こり、結局そのデパートへと返ってきてしまうというのです。結局、いまはデパートの金庫にしまい込んでいるとのことです。パワーストーンや宝石を買うときは慎重に検討されたほうがいいでしょう。

◆次元上昇について◆

次期文明は愛のあふれる文明

二〇一〇年に日本でも発売されたアップル社のｉＰａｄ（アイパッド）。以前、テレビを見ていると、アイパッドを使って会議をしている様子が放映されていました。各自がアイパッドを持ち、画面を見て自分の意見を打ち込み、お互いの顔をあまり見ることもなく、会話もほとんどありません。ただ同じ空間にいて、同じ空気は吸っているものの、なんだか味気ない会議です。見ていて寂しい気持ちになったとき、神様が次のように教えてくださいました。

今時の人間たちの会議は、次期文明の会議に近づいてきた。

いまの文明が終わり、次の文明となったときは、
このような機器（アイパッドのようなパソコン機器）を使用する訳ではありませんが、
念波交信ですから、直接の会話はほとんどありません。
そして、この機器のように自分が思ったことや考えが、
同時に多数の人へと即、伝わります。
思いが伝わってしまうから、なにも隠し立てはできません。
いまのこの機器は、自分の本心は隠し、
都合のいい内容だけを伝えることもできるから、
使い方によっては危険を生じます。
使用中に電磁波も浴びるので気をつけてください。
本当は、いまの文明でしか体験できない

人と人との触れ合いをもっと大切にしてもらいたい。

私は、この神様からのメッセージを聞き、「なんだか次期文明って味気ないなあ。会話を楽しめないなんて、冷たくて寂しい気持ちもするし。いまの文明のほうがいいかも……」と思ってしまいました。すると神様が、「次期文明は、心の美しい人ばかりの愛あふれる文明です。だから冷たくも寂しくもありませんよ」と教えてくださいました。

次期文明に役立つテレパシー交信

私のブログやこの書籍を読んでいるみなさんは、魂のつながりのある方ばかりです。魂の家族の方々が同じ気持ちになれば、素晴らしいことが実現できると思っています。なぜなら、人間のなかには、たくさんの能力が眠っているからです。

宇宙飛行士の方々は、NASAでの訓練の際、眠っている人間の能力を使えるようにする訓練をしていると、私の伯父から聞いたことがあります。伯父はパイロットでもあり、航空大学で教えていたのです。

これは宇宙飛行士の方だけではなく、私たちにもできると思っています。夢を実現させたり、テレパシー交信をしたり……私たちが右の脳をもっと使うように意識していけば、いろいろおもしろくなるはずです。

たとえば、インスピレーションや第六感という言葉を聞いたことがあると思います。これは、右の脳を使っています。だから、右脳を開発する訓練をすれば、私たちもテレパシー交信ができて、携帯電話がいらなくなるかもしれないですね。

私は、母に電話する用事が出来ると、「すぐに電話して」と母にテレパシー（念波）を送ります。そして電話を待っていると、「呼んだ?」と言い、母から電話がかかってきます。親子だから、念波も通じやすいかもしれないですね。

親だけでなく、親しい友人たちとでも時々あります。みなさんも誰かにテレパシーを送ってみてください。次の文明で役立つため、こうした練習はしておいたほうがいいでしょう（でも、未来のそのときには、自分の力だけではなくて、他の方々の力も借りてテレパシー交信が誰にでもできるようになるので心配いらないですが……）。

また、霊的に物事を考える習慣を身につけておくといいでしょう。私の例でいえば、間食をしようとしたとき、食べる瞬間にそのお菓子を落としてしまうことがあります。そのとき、「これはいま、私の体に入れる必要はない」と神様が教えてくださったのだと理解しています。

また、人と話をしていて、やたら咳が出たりむせたりすると、「相手の気持ちを考えないような言葉を発してしまったのかしら」「余計なひと言だったのかしら」などと考えて、反省しています。ささいなことでも、意味のあることは結構あるのです。

神様から守られる自分へ変化しよう

いまのこの文明は、次のステップへと進む時期にきています。ですから、宇宙全体をも創造された「神様」と呼ばれる存在により、必要な魂の方々が導かれて自然に集まってきてくれています。私たちは、いまの三次元の物質文明が終わり、新たな霊文明へと移行する時期に生まれてきました。さらにいま、この日本という国に住んでいることは、とても意味深いことなのです。

また、地球に住んでいる私たち人間も、宇宙人など地球外の生物を認めなくてはならない時期にきたようです。もちろん、UFOの存在も認めざるを得ないようになってきました。宇宙人は、存在します。

「この世が終わると聞いたことがあり、ショックを受けています。私はいいとしても、三歳の娘のこれからを考えると不安です。どうか私たち人間が、すこしでも明るい未来を導けますように……そう強く祈り、感謝の気持ちを忘れずにいたいと思います」

これは、かつてブログのコメント欄に書き込まれた内容です。この文明が終わるといっても、なにも恐れる心配はありません。自分の悪いところは直そうと日々努力して、神様の存在を心から信じてください。そうすると、自分の中心（軸）がしっかりと定まってきて、神様から守られる自分へとどんどん変化していきます。まだ間に合うので大丈夫です。私のブログやこの書籍には、魂のつながりのある仲間もいるので心配はいりません。

神様から守られることについて、神様は次のようにおっしゃっています。ご参考にしていただければと思います。

あなたにとって「幸せ」とは何ですか？
素晴らしいマイホームを手に入れることですか？

食べたいものを食べ、買いたいものを買い、贅沢をすることですか?
自分や子どもがよい学校へ入り、出世をしていくことですか?
日々、自分にとっての「幸せ」を思い描いていることでしょう。
しかし、あなた方人間たちが思い描く「幸せ」と、
われわれ、高次元の存在が人間たちに
与えてあげたいと思っている「幸せ」とは、少々異なる。
われわれが、あなた方に与えてあげたい幸せとは、
あなた方の魂が永遠に存在することができ、
いずれわれわれが存在しているこの高次元(七次元)へと
上げてあげるという幸せです。
ここは、愛と光の世界。苦しみも悲しみもない世界。
うそや偽り、裏切りという否定的エネルギーのまったくないところ。
それはそれは、素晴らしい世界です。
あなた方を一日も早く、ここへ連れてきてあげたいのです。

そしてともに暮らしたい。
あなた方は、われわれにとってかわいい、かわいいわが子です。
かわいいわが子たちと離れて暮らしているわれわれが、
毎日、毎日、どんなに、あなた方のことを心配し、
一時も忘れることなどできずに過ごしていることか、わかりますか？
一秒たりとも忘れたことなどありませんよ、あなた方のことを…。
あなた方は、そうではないようですが。
だから、せめて、一日に、一度でも二度でもそれ以上でもいい、
われわれとつながりを持つ時間をつくってください。
「神様」という言葉でいいです。
「おはよう」「おやすみ」だけでもいい。
聞かせてもらえれば、われわれの思いもあなた方へと届きやすくなるのです。
そして、いざというときには、
あなた方（わが子ら）を守りやすくなります。

よいですね。今日、われわれが伝えたことを、どうか実行してみてくださいね。
いつもあなた方を応援していますから…。
かわいいわが子らへ…。

みんなで次元上昇するために

二〇一一年に入ってから、東日本大震災をはじめとして、地球温暖化による自然災害が増えてきています。二〇一〇年末からは、オーストラリアでも異常気象や災害が頻発しています。真夏なのに雪が降ったり、過去最大級の大洪水に見舞われたり……。

それだけではありません。二〇一一年二月二日夜半、オーストラリア北東部クイーンズランド州に、過去一世紀で最大の規模といわれる超大型サイクロン「ヤシ」が上陸しました。上陸時の風速は最大八十メートル。大人でも立っていられない暴風です。車も横転してしまいます。クイーンズランドでは、複数の町で家屋などに大きな被害が出たそうです。オーストラリアは世界最大の砂糖輸出国であるため、このサイクロンの影響で粗糖相場が急伸し、約三十年ぶりの高値をつけたそうです。

オーストラリアでの災害は、世界中で起こっている災害のほんの一例にすぎません。たとえば、ブラジルでも豪雨が発生し、五百人以上の人が亡くなっています。また、アメリカでは、南部から東部の広範囲で、過去数十年で最も荒れた暴風雪に見舞われています。シカゴでは、二月二日朝までに約五十センチと、観測史上三番目の積雪を記録しました。

また、二〇一一年八月には、大型ハリケーン「アイリーン」が米東海岸に接近し、ニューヨーク市で史上初の避難命令が発令されました。記憶に新しいことでいえば、本書を執筆している二〇一一年十二月現在も、タイの洪水被害が依然として続いています。

もちろん日本でも、みなさんご存じのとおり、強毒性鳥インフルエンザの被害でニワトリがたくさん殺されてしまいました。大雪の被害も出ています。さらに新燃岳の大規模な噴火。テレビで噴火の様子が連日報道されました。

そして、三月十一日の東日本大震災です。八月には、四国・中国地方を縦断した台風12号の豪雨で、紀伊半島などで死者・行方不明者が九十人を超えました。二〇一一年に入ってから、急激に事が進んでいるような気がします。だから私も、魂の家族のみなさんと一緒に、どこにいてもなにが起きても守られる自分たちに変わらなくてはと思い、肉体的には少々無理をしてでもブログの更新や書籍の執筆を急いでいるのです。

あと、どれくらいの時間が私たち人間に許されているのだろう。そう考えると、複雑な気持ちにもなりますが、なんとしても魂の家族のみなさんと一緒に次元上昇していきたいと願っています。みなさんに、安心して次の次元へと渡ってもらうお手伝いをさせていただくのが私の使命ですから……。この魂のつながりが途切れることのないように、保たれていくことを願っています。

神様は、以前から「ある日、突然はじまるよ」と仰っていました。そして東日本大震災の発生後、神様に地下のマグマの状態をビジョンとして見せていただき、がくぜんとしました。その際、神様から次のお言葉をいただきました。

新燃岳の噴火から、すでにマグマの活動が活発化し、
はじまってしまいました。
もうこれを止めることは誰にもできない。
祈りにより、被害者を減らすことはできる。
早く人を救いなさい。
多くの人間たちが、なにが起こっても守られる己に
早く変われるように講演会活動を急ぐのです。
協力者にも呼びかけるのです。

二〇一二年からは、もっといろいろなことが起こってくる予定です。なんとか魂の家族のみなさんと一緒に大難を小難に変えていただけるように祈り、地球規模の災害のなかでも魂の救済をしていきたいと思っています。

奇跡の体験で神を理解する

ブログを読んだり、私がゲスト出演させていただいている講演会に参加された方々は、よく奇跡の体験をされています。なぜそうした体験をされるのかといえば、みなさんに神様の存在をわかってほしいからです。頭では理解していても、体験しなければ信じることができないのが肉体ある人間というものです。

では、なぜ神様の存在をわかってもらう必要があるのでしょうか。それは、これから起こること——この文明が終わること——は、人間たちの力だけでは乗り切れないため、神様の存在を信じ、助けていただかなくてはならないからです。

人間に対しては素直になれなくても、神様には素直になりましょう。それが自分のためなのです。文明の変わり目のこの時期に、日本に住んでいる、または日本人に生まれたというだけで、ほめるに値することなのです。

自分たち人間のおこないを反省する

福島第一原発事故の発生以降、日本が放射能で汚染され続けています。神様から次のお言葉をいただきました。

早く反省してください。まだ間に合ううちに……。

「もっと、もっと」と利便性を追求し、欲望を満たすために、

本当に大切な物を見失いかけていた己を
反省する機会をこうしていま、与えています。
役目ある、あなた方（日のいづる国に住みし者たち）には、
なんとしても目覚めてもらわなくてはならない。
かわいい子らが、つらい、苦しいと思っている姿を見るのは、神とてつらい。
しかしいまは、あなた方に永遠の幸せを与えてあげたいがために、
やむを得ず歩ませているこの道……。
祈りなさい。
神に真剣に祈るのです。
そして、これ以上原子を分解するという罪を犯さないと誓い、
悔い改めるのです。
（原子力開発をしない、核開発はしないと誓うこと）
次は外国です。

以前とは違い、他人事《ひとごと》とは思えない気持ちで悲惨な状況を、やっと見ることができるようになった日本の人々……。外国であっても、自分とはすべてがつながっているのです。
決してこのことは忘れないように……。

私も毎日祈っています。どうかこれ以上、放射能による汚染が広がりませんように……。

大難を小難に変える

二〇一一年四月、福島第一原発の事故の評価が、チェルノブイリと同じレベル7に引き上げられました。悲観的にばかり捉えず、これは地球上で一番美しい国・日本から原発（すべての核燃料）をなくそうとしてくださっている神様の思いだと受け取ってほしいと思います。すこし怖い思いはするけれど、みんなでよいイメージをして、それぞれ自分にできる行動を起こし、真剣に祈り、乗り越えましょう。みんなで大難を小難に変えることが必ずできますから。

外国の人たちが数年後、「福島原発はチェルノブイリと同じレベル7だったのに、がんになる人たちが増えないのは奇跡だ。やはり日本という国は神に守られている。日本は神の国だ」と驚き、口をそろえてそう言っている情景をイメージします。そして、今回のことで恐ろしい思いをした日本人が、原子力開発は大きな罪となることに気づき、悔い改め、日本のすべての原子力発電所の原子炉を止めている情景をイメージします。できれば、このあとに連動して起こる予定の大地震がくる前に、原子炉を止めてほしいと——。

なにより、一に節電、二に節電……と、みんなで心がけましょう。電化製品に頼り過ぎない生活は少々不便ではあるけれど、安心した笑顔あふれる生活をしているみんなをイメージしてほしいと思います。

以前、ブログ読者の方から次のような質問を受けました。

「来るべき天変地異の時代、正しい心を持って生きていれば、なにがあっても生き延びる。大森先生がゲスト出演されている講演会のお話は、そういった趣旨だったと思うのですが、赤ちゃんの場合はどうなんでしょうか。数カ月前、苦労して出来たわが子がようやく生まれてきてくれました。顔を眺めるたびに、この子も災害に遭うのだろうか、そしてどうなるのだろうか……と思ってしまいます。日に日に成長していくのを見ていると、せめて二十歳になるまでは普通に（いままでどおりの社会のなかで）大きくなっていく姿をこの目で見てみたい、と欲が出てきてしまいます。まだ大きな活動はできていませんが、仕事やプライベートのなかで『すこしでも世の中が変われば』と、自分なりの努力をしているつもりです。今後の人生のあり方は、赤ちゃんの場合、こうした親の生き方にも左右されるものなのでしょうか。災害は、時期を延ばすことはできても、避けられないのですよね？」

このご質問に対して、神様は、「赤ちゃんや子どもたちは、この文明がまだ続くと思い、成長させてください」とおっしゃっています。この文明で学んだことは次の文明でも役立つそうで、無駄なことはなにひとつないとのことです。子どもの育て方の心構えに時代は関係ないということですね。一番大切なのは、とにかく愛してあげることです。

災害の時期を延ばし、大難を小難へと変えることが私たち人間にもできます。そして、私たちの心次第で、この文明をまだ続けることもできます。だから、早く、一人でも多くの方の心を変えてもらいたいのです。ブログや書籍の光のシャワーをたくさんの人たちに浴びてもらい、みんなで宇宙の平和を願い、祈ることも大切です。

◆魂の向上について◆

心が汚れるときの感情とは？

〝心が汚れる〟のはどんなときでしょうか。相手に対して腹が立っているときでしょうか。人にウソをついたり、人を騙したりしたときでしょうか。あるいは、意地悪な心があるときや嫉妬心があるときでしょうか。いろいろ考えていると、神様が教えてくださいました。

最も魂を汚すのは、人を恨んだり、憎しみを持ったりする感情があるときです。

強い嫉妬心もこれに値する。
自分に起こったことは、人のせいではない。
すべて自分のせいなんです。
早くそのことに気づき、
決して人を恨んだり、憎んだりしないように。
すべてを許し認めることで、心のシコリは、
すこしずつではあるが、溶かすことができる。

魂を汚すのは、人を恨んだり、憎しみを持ったり、嫉妬したりするときです。この神様のお言葉を胸に、こうした感情を抱きそうになったら、すこし立ち止まって自分の感情に気づき、気持ちを切り替える努力をしたいですね。

気持ちを切り替える方法

「気持ちの切り替え方がうまくいきません。どうすればうまく切り替えることができるでしょうか」という相談が寄せられるときがあります。そういうときは、自分にとって夢中になれること、気分のいいこと、気持ちのいいことをしてみると、結構早く気持ちを切り替えられます。

マラソンランナーを見て、「よくあれだけ走れるな」と感心することはないでしょうか。でも、長距離ランナーの方は、走っていると気持ちがよくなり、また走りたくなるそうです。走っている最中はランナーズ・ハイになり、気持ちよくなってくるのです。

私も若いころは、短距離より長距離（といっても三キロ～五キロ程度ですが……）が得意でした。呼吸法をしていても途中までは苦しいけれど、ある峠を越えるとまったく苦しくなくなり、どれだけでも走れそうな気持ちになってくるのです。

そして、ラストスパートで、ごぼう抜きをして気分よくゴールしていました。「あの苦しくなくなるときがランナーズ・ハイなのかな?」と、自分なりに解釈しています。

ランニング以外にもあります。たとえば瞑想をしていたころも、ランナーズ・ハイと同じで、途中からなんとも言えない気持ちいい感覚になるので、また瞑想したくなります。脳内にドーパミンが分泌され、気持ちがよくなるのですね。

でも、ランニングや瞑想は誰でもすぐできることではありません。誰でも簡単にできることでいえば、バスタイムをゆったりとした気持ちで過ごせる工夫をするのもいいでしょう。私の場合、いい香りのお湯に入ったりしています。入浴剤でもいいのですが、合成された香りなので、天然のアロマオイルを入れたり、かんきつ系の果物の皮を入れたりするときもあります。

以前、咲き終わりの散りそうなバラの切り花をもらったとき、その花びらをお風呂に浮かせ、バラ風呂のちょっとリッチな気分を味わいました。ところが、しばらくするとビックリ! なんとバラの花についていた虫さんが一匹、お風呂を泳いでいたのです。だから、この方法はあまりオススメできないかもしれません。虫にも命があるので、かわいそうだと思いましたし、ずっと一緒に入っている勇気もなかったので、タオルでつまみ、恥ずかしかったけれど外へ逃がしにいきました。

また、気の合う友だちとお話をしたり、好きな音楽を聴くのも、よい気分転換になるでしょう。私が最近、よく聴いているのはスーザン・ボイルです。彼女の美声にすっかり魅了されたようです。

自分という存在の素晴らしさに気づく

「自分のことが好きになれない」という方がすくなくありません。これは、「人と比べてしまい劣等感を持つ」という気持ちと通じるところがあります。

自分がいま、無人島で一人きりで生活をしていて、他の人間をまったく知らなければ、そこまで自分のことが嫌いにはならないはずです。おそらく、「こんなものかな」と思いながら生きていくのではないでしょうか。

でも現実には、みなさんの周りにいろいろな人生修行の相手が置かれているから、どうしても他人を見てしまいますよね。そして無意識のうちに、その人たちと自分とを比べてしまう。だから落ち込んだり、劣等感を持ってみじめな気持ちになってしまったりするのでしょう。

その気持ちを解消する手っ取り早い方法は、無人島に住むことです。でもそれは現実的ではないので、やはり自分を好きになれるように努力してみるといいと思います。そのためには、まず自分がどんなに素晴らしい人間かということに気づくことです。

自分という人間は、たった一人しか存在しません。まったく同じ容姿、性格、癖のある人はいないのです（クローン人間をつくった場合は別ですが……）。神といわれる高次元の存在が、一人一人に愛情をかけ、丁寧に大切にあなたを（あなたの魂を）つくったのです。そんな素晴らしいあなたなのです。

それほど神様から愛されているあなたが、「自分のことを嫌いだ」と思ったら、あなたをつくった神様がどんな気持ちになるでしょうか。きっと悲しい、寂しい気持ちになるはずです。いま一度、自分という存在の素晴らしさに気づいてほしいのです。あなたは、誰よりもすてきです。自信を持ってくださいね。自分がどれほど素晴らしい存在なのかについて、神様よりメッセージをいただいています。以下ご紹介させていただきます。

あなたは素晴らしい存在です。人は人です。
あなたという人間は、この地球上、いえ宇宙を探してみても
たった一人しかいません。そんな自分に誇りを持ってください。
容姿、性格…人間たちは、自分の観点から判断し、
自分にとって都合の良いものを容姿がいい、
性格がいいといっているが、
神から見れば、すべて良い、かわいいわが子。

人間たちから見れば、一般的には、どんな人とも交流ができ、
人づき合いが良く、愛きょうもある、やさしそうに見える人は、
いい人と思われる場合が多い。

容姿もそう、あこがれの有名人に近い、似ている…七頭身がいいなど、
勝手に大きな誤解をしているだけ。

神から見れば、そんなことはどうでもいいこと。
あなた方の生みの親であるわれわれから見れば、
どの魂もすべて愛しい。

自分をこんなにも愛してくれている存在があることを、
いつも忘れないでほしい。

自分は、最高の存在から愛されるに値する
素晴らしい存在なのだともっと自信を持つように。

人間たちが勝手に決めた良い人、
良い容姿などというばかげたことに惑わされないように、

自分には自分の個性がある、こんな自分が大好きだと思って、
　前向きな人生修行をしてください。

人とは違う観点、着目がないと、芸術家は個性的な作品を生み出せない。みな、同じいい人では、良い作品はつくれない場合もあるのです。

自分を信じてあげなさい。自分を一番理解してあげられるのは、自分です。

　自分を好きになり、自分をほめてあげる……。

これも幸せへの道へと進むためには、必要なことです。

だから、今日から実行してみてくださいね。


私のもとに相談に来られるみなさんのなかには、時々、「私が生まれてきた意味は何ですか？」「私にはどんな役目や使命があるのかを教えてください」と尋ねられる方々がいらっしゃいます。神様は、そんな方々へ次のようなお言葉を下さいました。

人にはそれぞれの役割があります。
あなたの役割は、あなたにしかできません。
この地球…いえ宇宙を探し回ってみても、
あなたと同じ人間を探すことはできない。
あなたは、たった一人の大切なあなたなのです。
「自分に役割なんてあるのだろうか？」と思っている人も
結構いますが、もちろんあります。

あなたがいま、この地球上に存在しているということだけでも、
重要な役割なんです。なぜかというと、人の魂と魂は、
ジグソーパズルのごとくつながっていて、
その中の重要なひとつだからです。あなたの魂は…。
もし、ひとつが欠けてしまえば、パズルはうまくつながらなくなり、

あなたの周りのパズルの魂の人へと悪影響をおよぼしてしまいます。
だから、あなたは欠けては困ります。
つまり、あなたが生きているということだけで、
あなたはあなたの役割を立派に果たしているのです。
わかりますか？　これは人間界のしくみです。
つらいこともあるでしょう。逃げ出したくもなるでしょう。
いつもあなた方を見守っている私たちには、よくわかります。
でも、自らその魂のつながりを絶つことだけはやめてください。
自分はかけがえのない、
たったひとつの貴重な存在なのだと早く気づいてください。
そして、自分の魂とつながりのある魂を大切にしてあげてください。
あなたの魂が永遠に存在するためにも…。

どんな理由があっても自殺は絶対にダメ

最近、第一作目の著書である『WATARASE』の読者の方々が岐阜までカウンセリングを受けにきてくださいます。お話をうかがっていると、みなさんいろいろと悩みを抱えているのに、毎日、がんばって生きていらっしゃいます。ご相談者の方々は、みなさん見ていて美しい人間の姿だと感じ、私も励まされています。

生きてこそ人間です。人間は、寿命まで生きなくてはならないのです。死ぬことは簡単にできるかもしれません。しかし、死にざまは、人間にとって大切な、とても重要なことです。だから、美しく死んでいかなくてはならないのです。

自殺では、どんな方法でも美しくは死ねません。自殺して亡くなられた霊もたくさんお会いしているだけに、はっきりと言えることですが、きれいな容姿（顔も体も）の自殺者の霊にはお目にかかったことがありません。

体内のいろいろなもの（?）が飛び出していますし、とにかく顔の表情が苦しそうです。歳よりも老けてしまっているし、飛び降り自殺や電車などへの飛び込み自殺は悲惨で、肉体と幽体がちぎれていたり、崩れ落ちていたりします。霊体はバラバラにはならないけど、普通に病死した人の霊体より色が黒く、どんよりとした霊体が、なぜか頭部の幽体がある場所付近に立っています。表情がないから不思議です。

どんな理由があっても、絶対に自殺はいけません。自殺して楽になる人は、一人もいませんから……。いま逃げたら、もっとつらい未来が待っています。それより、歯を食いしばって生きていたほうが、よほど体は楽なのです。心配しなくても、自分の寿命がきて、必ず死ぬ日がきますから……。美しくきれいな最後を迎えたら、必ずすてきな来世が待っています。

繰り返しますが、死にざまは本当に大切です。死にゆくときの状況が、次に行く世界——肉体を脱いだあとに行く四次元の世界——で大きく関わってきます。そこで苦しまないためにも、自殺は絶対にしてはいけないのです。

つらい経験が魂を向上させる

他人のちょっとしたひと言で傷つくなど、いやなことがあったあとは、傷ついた人の魂が確実に向上しています。だから、毎日が幸せ過ぎてなんの苦労もない人より、つらいことがある人のほうが魂の進化が早いのです。

ブログの読者の方からも「数日前、ちょっとしたひと言で、自分でもびっくりするほどダメージを受け、いまだに涙が出てきます。自分の気持ちを切り替えたらいいとわかっているのですが……」というコメントをいただいたこともあります。

ひどいことを言われても、ドンと受け止めましょう。そして、相手に腹を立てるのではなく、逆に気の毒に思って、「私、あなたより先に魂を進化させてしまいますよ。いやなことを言ってくれてありがとう」と心で思いましょう。

世の中には本当にいろいろな人がいます。でも、自分のことは信じてあげてください。それと、神様を信じるというのは、神様の存在を信じる、ただそれだけです。

占い師や霊能者を信じるということではありません。
人が幸せになるためには、この宇宙も含む万物創造の主である、いわゆる人間たちが「神様」と呼んでいる高次元の存在と常に波長を合わせていけばいいだけです。自分自身で毎日できることなのです。
神様（宇宙意識）とピッタリ波長を合わせれば、迷ったり、悩んだりしても、自分自身でどうすればいいのかがわかるようになります。親しい人（家族や親友）の口を使い、答えを教えられたりもします。
苦しみや悲しみの意味について、神様から次のようなメッセージをいただいていますぜひご参考にしていただければと思います。

「すべてを許す」

これができれば、あなたは神の心と近い存在になれます。

「すべてを許す」

これは、いま自分の目の前で起こっていることだけを見ている人には、

なかなか難しくてできないでしょう。

なぜ、こんなことが起きてしまったのか。

なぜ、自分がこんな嫌な思いをしなくてはならないのか。

この苦しみ、悲しみは、なぜあるのか…。

そんなことばかり考えていても、

その苦しさ、つらさから抜け出すことは難しく、

ますます苦しく、つらくなっていきます。

すべての物事は、意味があって起こっている。

意味なく起こることなど、なにひとつない！

この三次元空間では…。

その出来事だけを切り離してみれば、とても悲しくて、

耐えがたいと思ってしまうようなことであったとしても、

あなたの魂を何としても残してやりたいと思う、
神の強い思いが、その出来事の奥深くには、
封じ込められているのだということに、
早く気づいてほしい。

急いであなた方の魂を向上させたいとき、
魂の段階を上げたいときに試練が与えられる場合が多い。
その試練を苦しい、つらい、悲しすぎる、みじめだと感じるのは、
その感情をあなた方が選んでいるから、そう感じるのです。

その目の前の試練だけを見るのではなく、
「この苦しみは一体、どんな楽しみ、どんな喜び、
そしてどんな幸せへとつながっているのだろう」
「すべてを許し、ここを乗り越えたとき、
大きな素晴らしいプレゼントが用意されているに違いない！
楽しみだなあ」と、あなたの感情を置き換えることも、

あなたはできるのです。

つらい、楽しい…どちらの感情を選ぶのかは、あなたの自由です。

まず、すべてを許すために、自分の変な頑固さは、

取り除いてください。そして物事を全体的に見るのです。

きっとそこからなにかが見えてくるはず…。

早くあなた方を、悩みもなき、この次元へと上げてあげたいと、

われわれがいつも思っていることだけは、忘れないでほしい。

いつもそばにいます。光とともに…。

魂（心）が目覚めるとは

以前、読者の方から「魂が目覚めるとはどういうことですか?」という質問をいただきました。私たちは、今回生まれてくる前に、いろいろな約束をしてこの世に誕生しています。魂が目覚めるとは、〝その約束を魂が思い出す〟という感じです。あるいは、魂が次のステップへと上がるときでもあります。約束をしたときの記憶、つまり生まれ出る前の記憶が戻るのとは違います。

「自分はなにをするためにこの世に生まれてきたのか」という使命に目覚める意味もあります。「なにをすれば自分の魂がもっとも喜ぶのか、奮い立つのか」を常に意識して生活していただければと思います。

心身を浄め、感染症から身を守る

以前、ほとんどの抗生物質が効かない「スーパー耐性菌」の感染例が海外で見つかったと話題になりました。そして、ついに日本でも感染者が出てしまいました。これはとても恐ろしいことです。

この耐性菌は、ＮＤＭ‐１という遺伝子を持つ新タイプで、この耐性菌が他の菌にくっつくことで、まったく抗生物質が効かない細菌となります。さらに恐ろしいのは、この菌は、いろいろな菌とくっつくことができるということです。

たとえば、コレラ菌や赤痢《せきり》菌とくっつくと危険です。抗生物質が効かないので、コレラや赤痢で亡くなる人が増えてしまうからです。日本人が克服したと思い込み、すでに過去の病気だと思っていたコレラや赤痢が復活してしまうかもしれません。

では、こうした感染症から身を守るために大切なことはなんでしょうか。それは、心身を浄《きよ》めることで免疫力を高め、細菌に感染しない自分になることです。

まず、体を浄めるためには玄米と水が効果的です。私は、若いころに「玄米が免疫力を高める」という本を読み、それ以降、玄米を食べるようになりました。その本には、強い毒性のある農薬を飲んでしまった人が、常日頃から玄米を食べていたおかげで、すぐ自分で農薬を吐き出して危機を逃れたと書いてありました。玄米は、免疫力を高めたり、体の毒素を排出する効果が期待できるそうです。

さらに、水を飲むのも効果的です。私は一日に水を二リットル以上飲んでいます。これを続けることで、体の毒が出るのです。

こうして体を浄めることはできても、心を浄めるのは難しいと思っていないでしょうか。心は、常に自分自身を高めたいと意識しながら、人のために生きていけば、知らず知らずのうちに浄まっていきます。自分の悪い癖（性格）や習慣を直す努力も必要です。また、ストレスを溜めない自分になることも大切でしょう。ストレスを溜めると、免疫力が低下してしまうからです。

配偶者の死を乗り越えるために

配偶者が亡くなった悲しみはなかなか癒えないものです。「一生のうちでの大きなストレスは、共に連れ添っていた配偶者の死」と聞いたことがあります。

私たち人間は、今回の一生の内容を生まれる前に聞かされてから、この世に誕生しています。何歳まで生きて、誰と出会い、どういう人生を送るのか。それらをすべて聞かされて納得し、母体へと魂が入り、記憶を消されて生まれ出てきているのです。

悲しみに暮れるのは仕方のないことだと思いますが、でも、ご主人に先立たれ、悲しくて落ち込んでいる奥さんの姿を見ると、亡くなったご主人も苦しくなってしまいます。

ですから、そうしたときの心の持ち方として、「自分のなかに主人がいる」と思ってみるのはどうでしょう。「私と主人は、いまひとつの肉体を共有していて、一体化している」と考えてみるのです。そして、「主人にもっと喜んでもらいたい」と思い、ご自身が楽しくなることをして喜びを感じてみるのです。すると、亡くなられた配偶者の方もきっと嬉しく思うはずです。

神様にゆだねる生き方

私たちはなぜ不安になるのでしょうか。「失敗したらどうしよう」「人から変に思われたらどうしよう」などと頭で考え過ぎるからでしょうか。これでは神経が休まらないですね。

自分にできる範囲で、やることはやり、あとはすべてを神様にゆだねると、結構楽に生きられます。プラス思考の人はいいけれど、マイナス思考や心配性の人は「なんとかなるさ」と割り切るのもひとつの方法です。

それでもいろいろと考えそうになったら、家族や友だちと話をしたり、音楽を聴くなど、自分なりの気分転換をしましょう。「あとはお任せ」と受け流すのも、すこしは必要です。

家族からの忠告は神様の言葉

以前、ブログの読者の方から「三歳の息子が『人は鏡だよ』とか『自分の思いを出すことが大事』と言ったりするのはなぜでしょうか」という質問をいただいたことがあります。これは、神様が子どもさんの体（口）を使い、その方にとって大切なことを教えてくださっているのです。

これは、質問をくださった方だけでなく、みなさんにも当てはまります。神様は、みなさんに成長してほしいがために、周りの人たちを使い（とくに家族が多いです）、いやなことを言わせて教えてくださっているのです。

夫や妻、彼氏や彼女、兄弟、姉妹、舅や姑、お嫁さんやお婿さん、子どもや孫に友人、知人……。みんな神様に使われていると思えば、グサッとくるひと言も、腹の立つセリフや態度も、すべて許せる気がしないでしょうか。「私のために、神様にこんなことまで言わされて気の毒」と多少でも思えたら楽になります。

嘘をつくのは大きな罪

みなさんは、つい嘘をついてしまったりしませんか。嘘について神様がくださったメッセージがあります。心当たりのある方は、真剣に耳を傾けていただければと思います。

嘘をつくということは、結構大きな罪なんですよ。
みなさん、ちょくちょく小さな嘘をついてしまったりしますが、
それを心から反省しないと、魂はどんどんくもって（汚れて）いきます。
小さな嘘も大きな嘘も、嘘は嘘！

罪は同じなんです。

たとえば旦那さんに内緒で服を買って、それを初めて着たとき、「あれ？　そんな服持ってた？」と旦那さんに聞かれたとしましょう。

そのとき、「昔、買って一度も着てなかったから着てみたの」と

つい言ってしまった場合、

自分はひとつ罪を犯してしまったのだと意識してください。

そして反省をしてください。

「たいした嘘じゃないし……」

なんて思っていると、あとで大変なことになりますからね。

奥さんに「タバコやめたの？」と聞かれ、

「やめたよ」とつい嘘をついてしまったときなどもそうです。

「バレなければいいや」という浅はかな考えは、早く捨てなさい!!

自分のうしろには、常に五人の背後霊が見ていて、すべてを記録しています。

神もいつも見ている。嘘はいけません、嘘はね。

こう言うと、「誰にも迷惑をかけるわけじゃない嘘ならいいのでは」

と思う人もいますが、そういう問題ではない。

真実を捩曲《ねじ》げて伝える嘘。

それは、自分を否定することにもなるのです。

否定のエネルギーが自分自身の体内に流れ込み、

それが度重なれば体や心が病んでいきます。

嘘をついたことで、人の心を傷つけてしまった場合は、

傷害罪と同じくらいの罪です。

とても大きな罪となる。

気の小さい人。

自分に自信のない人。

他人から良く思われたいと思っている人。

自分のことが一番かわいいと思っている自分勝手な人は、

嘘をついてしまいます。

それから、子どものころのトラウマ（心の傷）が強い人も

嘘をついてしまう場合があります。

今日から……いいえ、いまから自分を変えなさい。

いままでのことは即、反省してください。

そうしないと死後、畜生道地獄《ちくしょうどうじごく》

という地獄に堕ちて苦しむこととなってしまうからね。

肉体を脱いでも幽体は、普通人間の姿形をしているんだが、

この地獄に堕ちると、幽体が頭の方から順番に動物の姿になっていってしまう。

一日で一気に変わるわけではなく、

数日かけて、じわじわと徐々に形が変わっていきます。

嘘をついた人は、どんな姿になるのかというと、

たいていは、キツネかタヌキの姿となります。

（他の姿になる場合もまれにある）

みなさんには、そうなってほしくないから、こうして伝えています。

嘘は、つかないほうがいい……。

嘘はね!!

神様からのお言葉、いかがでしたか。私たちは、些細《ささい》なことでも、それを知らないばかりにとんでもない罪を犯してしまっている場合があります。神様は、みなさんなら直せるから教えてくださいました。いまから、一緒に自分を変えていきましょう。

相手を救済する嘘もあるが、反省は必要

嘘についての記事をブログにアップしたことで、読者のみなさんはいろいろと考えたり、反省をされたようです。たとえば、「医療現場での嘘も罪になりますか?」「相手を思って言う嘘も罪ですか?」などの質問もいただきました。みなさんの疑問にお答えするため、すこし説明させていただきます。

神様によると、本当に相手のためを思っての嘘や、相手を救うための嘘は、罪にはならないそうです。ただし、嘘をついてしまったことは意識し、反省しなくてはならないそうです。

私も、若いころについた嘘を思い出しました。仲の悪い友人同士がいて、どちらの友人も相手の悪口や愚痴を私に言ってきていました。そこで、私は悪口を言ってきた友だちに、「でもあの子はあなたのことをいつも褒めてるよ。(本当は悪口を言っているのに)あなたのことが好きだから、もっと仲よくしたいのにできなくて、

つらいのかもしれないね」と嘘をついていたのです。

結果的には、その子たちはなんとなく仲よくはできるようになり、お互いの悪口をあまり私に言わなくなりました。しかし、私は嘘をついたことで、いつまでも後ろめたい気持ちが残りました。

また、ある方が、がんになられ、余命三カ月と宣告を受けられたのですが、本人はなにも聞かされていませんでした。だから、その方が「もう自分はあまり長くは生きられないのではないか」とおっしゃったとき、「そんなことはないから。必ずよくなるからがんばって！」と、嘘を言って励ましました。その方は、最後までなにも知らされることなく息を引き取られました。

これらに関しても、神様から「嘘をついたことに変わりはないが、それによって相手の気持ちを救済した。罪にはならないが、反省はしなさい」と教えていただき、反省いたしました。

また、過去に叱られたなどのトラウマがあり、つい嘘をついてしまう場合も罪は軽いそうです。ただし、その都度、反省はしなくてはいけないそうです。こうして神様が教えてくださったので、みんなで反省して前に進みたいですね。

毎日の反省で魂がリセットされる

毎晩、その日一日を振り返り、反省するべき点を反省しておきましょう。すると翌朝、魂がリセットされて、爽やかな気持ちで一日をはじめられます。

「主人にあのとき、上からものを言ってしまった」

「子どもの話を聞いていて、『本当かな』と疑っている心があった」

「姑さんから『車で送ってほしい』と言われたけれど、『面倒くさいな』という気持ちがあった」

「いつも手伝ってくれるおばちゃんに、口では『いつもありがとう』と言いつつも、心からの感謝が足りなかった」

などなど、たった一日だけでもたくさんの反省点があり、結構時間がかかるものです。

人間には、死後、今生（世）を振り返り反省をする四十九日という期間が神様から与えられています。もし八十八歳で自分の今生（世）が幕を閉じた場合、たった四十九日間ではすべてを反省しきれないですね。

八十八年間を時間に置き換えると、約七十七万八百八十時間となります。このぼう大な時間を四十九日間、つまりたったの千百七十六時間で反省しきるのは難しいのではないでしょうか。もし自分の人生を四十九日で反省するのは無理だろうと思われた場合、今日からその日一日の反省をしてみてはいかがでしょう。反省をすると、魂のくもりがとれていきます。

日々の反省を続けることで、心が柔らかくなり、涙もろくなってきます。泣いている間にトラウマがとけてしまう場合もあるので、日々の自己反省は一石二鳥といえるかもしれません。

なにかをはじめるのに遅過ぎることはない

チャレンジすることに関して、神様から次のようなお言葉をいただきました。


なにかをはじめるのに、遅過ぎるということは決してない。

その人が「やりたい！」と心から思ったときが、
それをはじめる一番のタイミングです。

チャンスのときでもある。

「もう歳だから……」

「いまさら無理だから……」

「年がいもないし……」

などとあきらめる前に、まずやってみること。
行動を起こさなければ、なにも起こらない。
なにかにチャレンジしたいと思う気持ちが、
あなたを若返らせる場合もありますよ。

なにか新しいことをはじめたいと思ったとき、自分の思考がストップをかけるともったいないですね。老化防止のためにも、新しいことに積極的にチャレンジしたいものです。

人のために生きることで悩みが解決する

以前、ブログの読者の方から、息子さんが引きこもりになって悩んでいると相談を受けました。ブログで何度かやり取りをさせていただいているうち、最初にコメントをいただいてから約三カ月後、息子さんの引きこもりがよい方向へと向かい出したとのご報告をいただきました。それを聞いたとき、私は自分のことのように嬉しく思いました。

息子さんのことで悩みを抱えていたその方は、自分も苦しくてつらいのに、人のためを考え、優しい言葉や励ましの言葉をかけたりと、常に人のために生きる努力をされました。そうやって自分の魂の向上に努力をされたので、神様（宇宙意識）と波長が合い、しくみの軌道に乗ってきたのです。

人は、苦しいときやつらいとき、そのことばかりに意識が向いて、そのことのみを解決しようとする場合が多いものです。しかし、神様は次のようにおっしゃいます。

すべての物事はつながっている。
なにひとつ切り離しては考えられない。
だから、そのつらいことを解決しようと焦るより、
自分を見つめ直し、悪いところを直す努力をして、
さらに人のために生きてみる。
すると、いままでの悩みやつらかったことが、
うそのように解決していく方向へと向かい出したり、
解決の糸口が見つかります。
違う角度からがんばってみるのです。
一見、自分の悩みとはまったく
関係のないことだと思うかもしれませんが、
そこでがんばることで、
自分の悩みとそのことはつながっているから、
結果として自分の悩みが解決されていくのです。

どうでしょうか。目の前のことばかりに捉われず、つらいとき、苦しいときこそ人のために生きようと努力してみる。すると解決の糸口が見つかるのです。「急がば回れ」ということかもしれませんね。

つらいときこそ笑顔

以前、ブログのコメント欄に次のような悩みが書き込まれました。

「本社社長の指示で新会社の社長になり、いままで経験したことのない社長業を必死にやってきました。毎日が怖くて恐れながら過ごし、すこしでも業績を伸ばそうと思ってやってきたつもりですが、結果は悲惨です。なんとか盛り立ててくださろうとする一生懸命なお得意様や、やっと一体感が出てきた従業員のみんな。ありがたくてありがたくて。でも、仕事は順調とはいかず、借金、借金。いまも金策に奔走しています。家族に迷惑をかけ、自分はうつ状態がずっと続いています。家族の笑顔やお得意様、従業員、そして薬の力を借りてここまで来ましたが、苦しくなる一方です。悪いとは思いながら、本社の社長を憎んでいます。結局、口だけだった。いいように利用されただけ。そういう結果しか見えてきません。悲し過ぎます。人を恨み、ぼろぼろになっていく自分が……。神様、助けてください。苦しいです。悲しいです。つらいです。切ないです。一方的な意見だということはわかっています。こんな話、誰だって聞きたくはないです。でも、こうしなければ、自分が壊れてしまいそうだったんです」

この方の場合、自分があるから苦しいのかもしれません。プライドがとれていないと、自分を追い込んでしまうのです。自分がつらく、悲しく、切ないとき、家族や自分の周りの人たちも同じ気持ちになってしまいます。

だから、たとえ苦しくても鏡を見て、笑顔をつくってほしいと思います。楽しいときには誰でも笑えます。しかし、つらいときこそ笑っていただきたいのです。無理やりでもいいので、「わっはっは」と大声で笑ってみましょう。笑うのにお金はかかりません。だから上を向き、とにかく笑ってみてください。

怖い顔をしていると、ますます幸せが逃げてしまいます。つらいけれど、苦しいけれど、生きていくのが人生です。がんばらなくてもいいのです。生きてさえいれば、必ずよいことがありますから。

笑うこととあわせて、つらいときは朝と夜、具体的な内容を口に出して必死に祈ってください。家族や周りのみんなで同じ内容で祈るとさらにいいでしょう。私も、みなさんの幸せのために毎日祈っています。

自分をなくすことの大切さ

以前、ブログを通じて次のような相談が寄せられました。

「私はいつも大森さんのブログを読んで、こういう人になりたい、魂をきれいにしたいなと思って生きています。でもたまに、周りの人の行動にイライラしてしまうことがあり、その後は自己嫌悪に陥ってしまいます。そんな自分をどうしたら変えられるでしょうか？」

この方のように、周りの人の行動にイライラしてしまう自分を変えるためには、どうすればいいでしょうか。それは、自分をなくすことです。自分があると、自分の基準で物事を見てしまいます。だから、自分の思いどおりにいかなかったりすると、イライラしてしまうのです。

人間のこの感情が、戦争にもつながります。みんながいい意味で自分をなくすことで、平和な世の中がやってくるのです。

ぜひ、素直な気持ちで、相手を受け入れる努力をしてみてください。自分が強いと相手が受け入れられなかったり、「でもね…」と言いたくなります。

しかし、自分がないとストレスも感じにくくなるので楽です。自分の中に潜んでいる変な「我」を、早く取り去りたいですね。

ちなみに、私のブログを読んでいただき、イライラが解消された方もいらっしゃいました。以下がその方のコメントです。

「ブログを読ませていただいて約一カ月がたちます。ブログを読みはじめてから、日々の生活でイライラすることが本当にすくなくなりました。いま、一歳八カ月の子どもがいて、思いどおりいかないことも多いのですが、イライラしない自分に驚きです。以前は小さなことで怒り、毎日イライラしていました。穏やかな毎日を送らせていただき、感謝です。これからもちょくちょくブログにお邪魔します」

苦労するほど魂のレベルが向上する

今生（世）の肉親が、魂のつながりが濃いとは必ずしもいえません。魂のつながりが濃くても、家族でもない他人に生まれている場合も結構あるのです。

この世の中はただの修行の場所、たった数十年だけを過ごす三次元空間です。しかし、ここにいる間がビッグチャンスでもあります。苦労をすればするほど、自分の魂の段階をどんどん上げられるからです。

人は死んだあと、霊界に帰ります。この霊界には、霊層界と呼ばれる段階があります。苦労を経験して魂を向上させていれば、上の段階の霊界に帰られるのです。

この本を読まれているみなさんも、魂を向上させている時期だと思います。だから、みんな一緒にがんばりましょう。この本の読者のみなさんは、魂の家族です。仲間がいるから、つらくても、悲しくても、大丈夫です。自分のペースでいいのです。

苦労することに関して、以前、ブログのコメント欄に次のような相談が寄せられました。

「今回の地震や津波でたくさんの方がお亡くなりになりました。その方たちは、きっと生きていたかったと思います。なのに私は、いつもちょっとしたことで死にたい、消えたいと思ってしまいます。今日もアルバイト初出勤で失敗ばっかりで、お客様に怒鳴られたり、先輩方にうっとうしそうな顔をされたり。もうこれだけで死んでしまいたいです。涙が止まりません。生きたくて生きられなかった人もいるのに、こんなふうに思ってしまう自分が嫌でたまりません。なんで私なんかが生きていて、心のきれいな方たちがお亡くなりになられたのでしょうか。私はいますぐにでも消えたいのに……」

このコメントを寄せてくださった方は、きっとまだ若い方だと思います。だから、いろいろなことをストレートに受け過ぎてしまい、傷ついてしまうのかもしれません。失敗したり、恥をかくことが多ければ多いほど、素晴らしい未来をつかむことができます。自分にできることを、できる範囲で、すこしずつやっていけばいいのです。

怒鳴られるたびに自分の変なプライドが取れていきます。だから、怒鳴られたりしたら、「ありがたいなあ」と思うのもひとつの方法です。でも、できないことはできないと最初に言って、無理はしないでくださいね。

自分を褒めて、自分を信じる

人間には誰でも「褒められたい」「認められたい」という願望があります。その願望を満たしてあげることで自信がつき、前向きになれます。毎日、自分を褒めてくれる人がいればいいのですが、大人になるとそういうわけにもいきません。だから自分で褒めるのです。

自分の直感も信じてみてください。自分が一番、誰よりも自分のことを知っているし、わかっています。だから、自分がそう感じるのなら、きっとそうだと思うのです。直感を打ち消してしまわず、それに従ってみましょう。そのときは失敗したかのように思えても、最終的には結構いい感じになることが多いものです。自分を褒めて、自分を信じる。これを意識してみると、人生が好転するかもしれませんよ。

人のために行動する

いよいよ人間同士が団結するときがきました。私のブログやこの本を読んでくださっている魂の家族のみなさんと、強い絆で結ばれ、団結できれば、とても嬉しく思います。

自分が苦しいときこそ人のために生きてみる。それが幸せへの一番の近道——本書でもそのようにお伝えしています。しかし、自分が究極につらいときに、人のために生きようと思うのは難しいかもしれません。

あるとき、こんなことがありました。名古屋の地下街を歩いていると、過労からくるめまいで倒れそうになりました。とにかく座ろうと思い、喫茶店に一人で入り休むことにしました。とりあえずホットミルクを注文したものの、飲む元気もなく、「こんな状態で家まで帰れるかな」と不安に思っていました。すると、隣席に座っていたおばさん二人が、お嫁さんの悪口をずっと言っているのです。

「この人たち、こんなに悪口ばかり言っていると、死後に地獄に行って苦しむことになってしまう」と思いました。そして、体はしんどかったのですが、「お隣に座るのもなにかのご縁だと思いますよ」と話しかけたのです。その方々としばらくお話をして、私がゲスト出演している名古屋講演会をご紹介すると、「ぜひ行きたい」と言われました。

そして、なにより驚いたことがあります。私は倒れそうなほど体調が悪かったのですが、すっかり気分が爽快になっていたのです。人のために動くことで、神様が体にパワーを充電してくださったのでしょう。神様に感謝をいたしました。

みなさんも、ぜひ人のために行動してみてくださいね。きっと神様が宇宙のパワーを入れてくださいますから。

相手に対する感情は自分に返ってくる

人を恨むのは、自分を恨むのと同じです。また、人を傷つけるのも、自分を傷つけるのと同じです。相手に対しての感情が、すべて自分へと返ってくるのです。嫉妬も醜い感情のひとつです。自分が相手を愛していればそれでいいのです。自分が猜疑心《さいぎしん》をなくし、ただひたすら相手を愛していれば、かたちは変化するかもしれませんが、必ずあなたへと愛は返ってきます。

今日一日を大切に生きる

みなさんは一日を大切に生きていますか。今日という日は二度とやってくることはありません。この一日を、どんな意識で、どう過ごすのか。この心の持ち方で、自分の未来が決まるのです。今日の自分の心や言動、行動などで、未来の自分に起こることに変化が出てきます。

「今日がこの文明の最後の日となります」

ある日突然、このように言われたら、あなたはその最後の日を普段通りに過ごすでしょうか。

たとえば、出勤するご主人に、パジャマ姿で面倒くさそうに「行ってらっしゃい」と言ったり、母親や父親が心配して忠告してくれたにもかかわらず、「またいろいろ言ってる。うるさいなあ」と思ったり、あるいは、朝眠くてぐずぐずしたり、泣いて支度ができない幼いわが子を自分の感情で叱ってしまったり、お舅さんやお姑さんがよかれと思ってしてくれたことを、「かえって迷惑だ」なんて思ってしまったり、せっかく仕事の場を与えてもらったのに面倒くさいと思ったり、人間関係が煩わしいと思ったり……。

いまのこの生活が普通に続くと思い、日々感謝をすることなく過ごしていたら、きっと後悔する日がくるでしょう。「この生活は今日で最後かもしれない」。そう思うと、周りが新鮮に見えてくるから不思議です。そして、すべてに対していたわりの気持ちが生まれ、大切にしたいと思えるようになり、心から感謝ができるようになります。

明日からでもいいので、そんな気持ちも意識しながら生活してみてはいかがでしょう。いつも見ている景色が鮮明に見えて、新たな感動があるはずです。

そろそろ本気になりませんか？

なぜ人は、変わりたくてもなかなか変われないのでしょうか。「自分の悪いところを変えたいけれど変えられない」「直すべきところが直せない」。そんな自分を振り返り、「なかなか変われない私」「わかってはいるけれどやめられない」などと思ったり、口に出したりしていませんか。そうしたことを口に出しているうちは、変わることができません。

本気で変わりたければ、「変わる！」と決めるのです。ただそれだけのことです。なにも複雑に考える必要はありません。いたってシンプルなのです。

たとえば、すこし過激かもしれませんが、いつも背中にナイフを突きつけられて、「本気で変わるのか！」と言われていると想像してみてください。

甘い考えはやめて、そろそろ本気になりませんか。そしてみんなで一緒に変わりませんか。まだ間に合ううちに……。

まず周りの人を幸せにする

ブログや書籍の影響で、魂の家族のみなさんがどんどん増えてきています。とても嬉しく思っています。これだけ多くの人が集まれば、いつかみんなですごいことができるかもしれません。みんなで一緒に幸せになりましょう。

「みんなで一緒に」という思いが大切です。「自分さえよければ」なんて考えないでください。

自分が幸せになりたければ、まず自分が周りの人を幸せな気持ちにしてあげましょう。常に周りの人を見て、「この人はいま、こんな気持ちかな」「こんな言葉をかけてあげたら幸せな気持ちになれるかな」などと考えて、相手を幸せな気持ちにしてあげるのです。

ブログの読者の方が「心の拠《よ》りどころがほしい。幸せになりたい」と書いていらっしゃいました。この場合、自分が幸せになれる一番の近道は、まず自分が誰かの心の拠りどころになってあげることです。

人とうまく話をする自信のない人は、とにかく笑顔で元気よく、挨拶だけでもしてみてください。

「おはようございます」

「お疲れさまでした」

「失礼します」

「ありがとうございます」

このように、挨拶だけでもいいのです。「人を幸せな気持ちにしてあげたい」と思って日々を過ごしていれば、いつの間にか自分も幸せな気持ちになれますから。そして、ふと気づくと自分が変わっているのです。もしよければ、今日から意識して過ごしてみてくださいね。

人間の心が変わると神様のご計画も変わる

福島第一原発による影響を伝えるテレビ番組を見て、とても驚いたことがあります。その番組では、福島第一原発からの放射能漏れにより、家畜が置き去りにされ、豚さんが豚さんを食べて、その骨が転がっていたのです。

以前、どこかの講演会で読んだ神様からのメッセージ（本書の59～60ページにも掲載しています）のなかに、「将来、食糧難となり人間が人間を食う姿を見る……」とあったのを思い出してしまいました。

神様も、人間や動物たちが苦しむ姿を見てつらいと思っていらっしゃいます。ですが、人間たちにいま、とことん心を変えてほしくて、いろいろなことを起こされているのです。中途半端なことで変われないと判断されれば、神様はさらにいろいろなことを起こされるかもしれません。

だからこそ、私はいま、そうはならないようにブログや書籍、講演会活動などを通じて、みなさんに「心を変えよう」と必死に訴えているのです。みなさん一人一人も、自分の周りの大切な方々に教えてあげてください。もしうまく伝えられない場合、この書籍や私のブログを紹介してあげてくださいね。

本当に人間の心が変わってくれれば、神様のご計画は確実に変わります。実際、東日本大震災以来、神様のご計画はすこし変わりました。このため、ゲスト出演させていただいている講演会やスペシャルセミナーでは、その都度の神様のご計画をお話しさせていただいています。

子どもたちの未来は大人にかかっている

以前、子どもの日に、神様から「太陽を見なさい」と言われました。「なんだろう」

と思って外に出て太陽を見ると、それはそれは、まぶしい太陽が出ていました。そしてしばらく眺めていたところ、太陽から街へと光の柱がおりてきたのです。

とても驚き、携帯電話で写真（表紙カバー袖参照）を撮りました。すると、神様が次のようにおっしゃったのです。

地球の子どもたちすべてに神の光を与える。

　光に包まれ進む、

子どもたちの未来を素晴らしいものとするのも、

　そうでないようにするのも、

あなた方人間たちが決めることができる。

　地球の未来には、

あなた方のいまの心が影響してくる

ということを決して忘れてはならない。

私たちの未来は、私たちで変えていくことができるのです。それなら、みんなで素晴らしい未来をイメージし、そんな未来を創りたいですね。「やってみよう」と思われる方は、ぜひ毎日、朝晩に祈ってみてください。

私は朝と夜に時間を決め、毎日お祈りをしています。時間を決めなくても、ご都合のいいときで構いませんので、みなさんの想像と祈りのパワーで素晴らしい未来を一緒に築いていきましょう。

◆夢の実現について◆

夢が叶うと信じる

サッカー・ワールドカップ日本代表の岡田武史前監督が、二〇一〇年六月二十四日におこなわれたデンマーク戦の前のインタビューで、「負けることはまったく考えていない」と言い切っていました。そして、その言葉通り、見事、勝利を収めたのです。

勝つことしか考えていないというのは、「勝つ」と信じているということでもあります。夢を叶えてもらえることを、ただ待っていても叶いません。自分で叶えようと決めるのです。そして努力すれば、夢は叶います。

こうした内容をブログに書くと、読者の方々が「自分の力では無理と思っている夢でも実現できるのでしょうか」「私たちもみんなで力を合わせれば大きなパワーが出せるのですか」とコメントしてくれました。まさにそのとおりです。

同じ人間ができることは、他の人にもできる可能性が高い。ただ、多くの人たちは、自分には無理だとあきらめてしまっているのです。

ナポレオンやガンジー、クレオパトラ、コロンブス、ニーチェ、リンカーン、モーツァルト、ピカソ、徳川家康……など、偉大なる人物と語り継がれている方々も、みんな同じ人間の構造をした地球人でした。

生まれ出たときから肉体があり、その肉体と同じ姿形をした幽体が重なって存在し、そして自分の本来の姿である霊体――肉体と幽体は老化しますが、この霊体だけはいつまでも二十歳の容姿です――がある、同じ人間です。平等に創造主――いわゆる神と言われる存在です――により、あなたはつくられたのです。

本来、他の人間にできることは、すべて自分にもできるはずです。さらに、それだけではなく、みんなで同じ思いを共有し、その思いを実現させることもできるのです。

私が神様から受けたメッセージのなかで、こんな言葉がありました。

自信と誇りを持ち、常に堂々としていなさい。

少々のことで、自分の気持ちに変化をもたらしてはならない。

常に明るく前向きな気持ちでいなさい。

つらくても、すぐ気持ちが切り替えられるような人になりなさい。

「やれない」

「できない」

と口にするのは一切やめ、

たとえやれなくとも、できなくとも

「やれる」

「できる」

と口にする習慣を身につけるのです。

自分自身をもっと好きになりなさい。
愛おしいと思いなさい。
自分の体（容姿）も心もです。
自分のすべてが好き、愛おしいと思うように。
まずそうならなければ、他人を愛おしいとは思いづらい。

自分でいろいろな物事に対し、計画を立てなさい。
計画を立てたら、それをどのようにおこなうのかをよく考え、
一つ一つ確実に実行していきなさい。
一つ一つです。
着実に前へ、前へと進むのです。
そのときにおこなってほしいのは、
素晴らしい行き着く先をイメージし、想像することです。
毎日、毎日、イメージし、思い描く（画く）のです。

自分は、そこへ向かっているのだと強く思いなさい。
そして必ずそこへ行けるようになってください。

この貴重な神様からのお言葉を、夢実現のヒントにしていただければと思います。

必ずそうなると信じて祈る

祈ったり想像したりすることをブログで書いていると、「どうやってお祈りすればいいのですか」という相談が寄せられるようになりました。ここでは、みなさんに祈るときのコツをお伝えしましょう。

まず、心から「必ずそうなるんだ」と信じて祈ることです。そのためにも、夢が実現した際の情景を具体的にイメージするといいでしょう。

また、読者の方が「宇宙と波長が合っているのか、自信がないです」とコメントされていました。波長が合っていると、「なんだかツイているな」と思う出来事が頻繁に起こります。

たとえば、混雑している駐車場で、自分の目の前の車だけが出ていき、すぐ駐車できたりします。あるいは、満員電車で自然に自分だけ座れたり、信号が赤にならず遅刻を免れたりするなど、とにかくラッキーが続くのです。ただし、宝くじが当たるとか賭け事で勝つというのはすこし違いますので、注意してくださいね。

試練が来ると思うと本当に来る

「人生は修行です」とお伝えすると、「試練を与えられると覚悟しなくては……」と思われる方がいらっしゃいます。しかし、「自分に試練が来る」といつも思っていたら、本当に来てしまいます。

人間には、自分が思ったり考えたりしたことを、磁石のように引き寄せる力があります。だから、いつも良いことや素晴らしい未来を具体的に思い浮かべたり、願ったり、イメージして祈ったりしていれば、願望実現につながるのです。

大きな夢だけではありません。日常の些細な思いでも実現することが多いものです。たとえば、「いま人気の男性アイドルグループ『嵐』に偶然会いたい」「女性アイドルグループ『AKB48』に会いたい」などでもいいでしょう。私も昔、よく願望実現ゲームのようなことをしていました。だから、岐阜や愛知でいろいろな芸能人の方々と偶然会っています。東京の方ならもっと簡単かもしれません。

また、ブログの読者の方が「前生（世）でもいまと同じ思いや考えで悩んでいたのかな」とコメント欄に書かれていたことがあります。たいていの場合はそうではありません。今生（世）をどう生きたいかを自分で決めて、自分で人生を変えることができるからです。

ただ漠然と「幸せになりたい」と思うのではなく、「この歳で結婚して、この年に家を建てて……」など、できる限り具体的に書き出してください。そして、いつも思う、いつも願う、いつもイメージして祈る、これを毎日おこなうのです。

ただし、悪いことや他人の不幸を願ったら、大変なことになって自分へ返ってきますから、やめてくださいね。きっとみなさんの願いは叶いますから。

「わくわく」はパワーを倍増させる

「現在、新しい職場を探さないといけない身です。生活が成り立たないくらいの収入でも、やってみたい仕事を選ぶべきか、きちんと生活できる収入の仕事を選ぶべきか、両者のはざまで悩んでいます。がんばればお金はあとからついてくるから、とも言われるし、生活ができなくてどうするの、とも言われるし……。技術を身につけ、いずれ独立して食べていけたらいいけどなと考えています」

以前、ブログ読者の方からこのような相談を受けました。やってみたい仕事を選び、生活が成り立つようになるまではアルバイトをしてでもがんばる、という選択肢は無理でしょうか。私なら、やってみたい仕事をするほうを選ぶと思います。

自分のやりたいこと、わくわくすることとやっているときは、自分のパワーが何倍にもなり、疲れないし、体の免疫力も高まります。宇宙、つまり神様と波長が合っているということでもあるので、人間関係もうまくいき、いろいろなしくみもおりてくるのです。だからますます楽しくなり、自分の能力以上のこともできてしまったりします。

夢を実現させる方法

夢を実現させるためには、まず具体的に自分の夢を思い浮かべ、その夢が叶っているところをイメージするなどして、常にその夢の実現を意識した生活を送ることが大切です。そして神様（宇宙意識）と波長を合わせます。

波長を合わせるために一番手っ取り早い方法は、すでにお伝えしたように、祈ることです。祈るといっても、なにも宗教的な祈りではありません。家の中で、どちらの方向を向いてでもいいので、朝晩、自分なりの方向を決めて祈るのです。ぜひ取り入れられ、自分の夢を実現させましょう。

以前、神様からいただいたお言葉の一部に、こんなメッセージがありました。

「自分の願いや夢実現を祈っても、
なぜそのとおりにいかないのだろうか」
「自分は神から見放されているんじゃないか」
と夢をあきらめ、落ち込む人がいる。
心の奥底からの叫びのような祈りをしていない人は、
神と波長がなかなか合ってこない。
夢は、実現するためにある。
神が認めた夢なら必ず叶う！
あきらめず最後までやり抜きなさい。
あなたと同じ造りである他の人間にできることが、

あなたにできないわけがない。
毎日、その夢や目標を思い浮かべながら、心から祈ること!!

このお言葉を読まれてなにか感じられたら、ぜひ努力をしてみてください。

いまの境遇を人のせいにしない

夢を実現させるためには、まず自分を信じることです。そして、自分のなかに眠っている無限の可能性を信じることです。その可能性を開花させやすい状態に持っていくためには、あなたの心（魂）のくもりを取り除かなければなりません。
いま自分の身の上に起こっていることの多くは、自分の心（魂）の状態から生じています（本人の心ではなく、霊に操られている場合も稀《まれ》にあります）。人のせいではありません。でも、人間というのは、現在の境遇がよくないとき、誰かのせいにしたくなるものです。しかし、自分の環境を人のせいにしてしまうと、心（魂）はたちまちくもり、取り返しのつかない状態になっていきます。

親のせい、友達のせい、夫のせい、妻のせい、子どものせい、上司のせい……など、人に責任を転嫁して自分から逃げてはいけません。いまの自分の現状を冷静に見つめ、すべてが自分のせいだと受け入れてみましょう。だからといって、自分を責める必要はまったくありません。

読者のみなさんの魂は、素晴らしい存在です。みなさんは、この先、どうなっていきたいのか、どんな方向性を持ちたいのか。それをみなさん自身が決めるのです。そして、決めたらそれを実現させるための努力をするのです。

夢は、実現するために持つものです。クリアな心（魂）で夢に向かい、進んでいけば、一歩ずつ夢に近づいていけるはずです。急ぐ必要はないけれど、あきらめないでいただきたいと思います。すこしの努力であきらめてしまっては、元も子もありません。

人をうらやましいと思わないこと。いつか見返してやるなんて思わないこと。人を恨んだり、嫉妬しないことです。読者のみなさんは、そういう感情を抱いてしまう相手よりもきっと素晴らしい人間だから、自信を持って一段上から相手を見てください。相手と同じレベルにいたときの感情とは違う気持ちで相手が見られると思います。

読者のみなさんの魂のレベルは高いのです。なぜなら、私のブログやこの本を読むことができる人だからです。選ばれた人がブログや本書を読めるようになっていると、神様から教えられています。

人のせいにしないことについて、神様からメッセージをいただいています。これは、二〇一一年十一月六日におこなわれた福岡講演会で神様がくださったメッセージです。

あなたはいま、自分の未来への夢や希望を持っていますか？
いま、世の中の情勢がとても不安定になってきている。
政治、経済、治安、心と体の健康、気象状況など、
すべてにおいて悪い方向へと向かっているように感じている人間も多い。
大統領が悪い、大臣がよくない、あの国のやり方がおかしいからこうなる、
親が子どもに甘すぎる、教育が…先生が悪い、地球温暖化のせいだ…。
もっと身近な不幸現象だと、上司や職場の同僚のせい、
夫が…妻が悪い。嫁が…姑が…友人が…。
なにかと人のせい、なにかのせいだと考える人がいますが、
あなた方の周りに起こること、あなた方の存在している環境は、
すべてあなた方自身がつくり出しているのです。
毎日、毎日、先のことを心配ばかりして、

マイナスに物事を考え、暗い未来を思い描いていれば、
本当にそんな未来がやってきてしまいます。
これは、たった一人の人がそう思うのと、
百人がそう思うのとでは違う。
よりたくさんの人がそう思うことで、
そのことが現実化していく可能性は高くなります。
そういう意味では、いまの世の中の状態は乱れていて、
いまの人間たちの意識では、ますますそれは加速していき、
取り返しのつかない状況になっていきます。
今日、この講演会へ神によって導かれ、参加されたみなさんには、
いまからでいいので、明るい地球の未来を想像し、
思い描いてもらいたい。最初は空想でも何でもいいです。
日本が…いえ世界中の人びとが幸せで喜んでいる姿…
生命体である地球が、美しく光り輝き、

機嫌よく人間たちと調和し合っている様子など…
自分なりに頭の中でイメージしてみてください。
これを多くの人びとが続けることで、
本当にあなた方の将来が明るく素晴らしいものとなっていくので、
今日、こうして伝えました。
愛しいあなた方には、永遠の幸せをつかみとってもらいたい。

願えば叶う

以前、東京で、嬉しくてビックリしたことがありました。ずっと会いたいと思い念を送り続けていたすてきな女性に、十三年ぶりに偶然再会したのです。

たまたま入った店でその人を見かけたときは、目を疑い、「この人口の多い東京でまさか北海道にいらした方に会えるとは……」と、信じられない気持ちになりました。

その方に歩み寄り、話をさせていただきました。すると、いまは東京にもオフィスを構えているとのことです。さらに「このすぐ近くですから寄ってくださいね」と言っていただき、またまたびっくりです。

願いは叶うものです。「神様、ありがとうございます」。そうお礼を申し上げました。みなさんも、叶えたいことや夢は、決してあきらめないで願い続けてくださいね。きっと叶いますから……。

夢を叶えることについて、以前、神様からメッセージをいただきました。これは、メジャーデビューの夢をあきらめかけていたある音楽バンドのメンバーに対して、神様がくださったお言葉です。読者のみなさんのご参考にもなればと思い、ご紹介させていただきます。

夢は、実現するためにあります。
あなた方が、自分たちの夢を決してあきらめることなく
日々、努力し続けていけば、
必ず、一歩一歩、その夢へと近づいていけるのです。
あきらめてしまえば、その時点で、夢は消える。
そしていままでの努力は何だったのか…と自問自答したくなる。
そうはなってほしくないのです。
あなた方には、夢を実現させ、音楽で人の心を癒し、
魂を救っていってほしい。
音楽は、素晴らしい！何の枠もない。宗門宗派も関係ない！
そしてさらに、音楽は次元を超えることのできる魔法を持っているのです。
同じ曲であっても、演奏する人、

歌う人の心の状態によってそのつど変化します。
ごまかしは、一切できません。
楽器の音色や歌声に、心が現れてしまうから、
同じ曲であっても一曲一曲が、すべて違う曲なのです。
だから、今日の一曲を演奏したり歌ったりするのは、
今日が最初で最後。明日は、また違う曲になる。
あなたの心が、今日と、まったく同じということはないですから……。
そんな思いで、一曲一曲を大切に、愛しいと思いながら、
演奏し、歌ってください。
あなたの夢実現のためには、そんな気持ちを持つことも必要なんです。
Dreams come true.

◆病気について◆

川崎病の原因は霊障の場合も

ブログ読者の方の親戚のお子さんが、川崎病になられたとうかがいました。この病気の原因は一人一人違います。そのご家族にお会いして、霊査をおこなえば、原因がはっきりとわかります。

一般的には、この病気は四歳以下の子どもが多くかかるそうで、急な高熱（三十九度前後）や発疹が出たり、目が充血したりするようです。合併症として、心臓障害になり、心筋梗塞が起きたり、突然死に至る場合もあるので、定期的に心臓の検査を受けなくてはなりません。

ごくまれに、成長してからも、たとえば学校の体育の授業中に突然心臓が止まってしまう場合もあるそうです。いままで私が見させていただいた川崎病のお子さんは、霊障――その子どもさん自身に霊が憑いていていろいろ邪魔をしてくること――が原因でした。

なかには、本人にはまったく関係のない公害で亡くなられたご霊さんがたくさん憑いていた子どもさんもいます。そのお子さんのご両親いわく、「年末に人混みへ連れ出してしまい、川崎病にかかった」とおっしゃっていました。しかし、本当の原因はそれだけではなく、たくさんのご霊さんたちが影響していました。

そのお子さんの場合、体に憑いていたご霊さんたちが完全に離れたので、今後は合併症の心配もなく安心してみえます。

このブログの読者の方のように、川崎病をわずらう子どもさんが身近にいらっしゃる場合、すぐにしてあげられることがあります。それは、その子どもさんに「合併症が出ませんように」と、朝晩、心を込めて祈ってあげることです。そして、できればそのご両親も愛を込めて子どもさんのために毎日祈ってあげ、神様と波長を合わせることです。そうすれば、霊が憑いていていても災いは受けにくくなるでしょう。

引きこもりのお子さんには愛情を注いであげて

引きこもりのご家族を持つ方からの相談があとを絶ちません。お子さんが引きこもりの場合、いまの現状を苦悩の日々だと思うのも、いつも子どもが自分の目の届く家にいてくれて、外で事故に遭ったり事件に巻き込まれる心配がないので安心だと思うのも自由です。発想の転換をして、苦悩の日々を楽しい日々だと思うほうが、ずっと子どもさんのためになるはずです。

お子さんに変わってほしい場合、まず親が変わらなければなりません。引きこもりの状況にもよりますが、もしお子さんと顔を合わせる機会があるのなら、オシャレをして楽しそうにしているお母さんの姿をお子さんに見せてみるのはどうでしょう。「お母さんは自分の人生を楽しんでいるわよ」と見せたほうがいいのです。

引きこもりのお子さんを持つ方の場合、子どもが小さいころに先回りして、転ばぬ先の杖《つえ》のように手を出し、口を出してきてはいないでしょうか。

子どもは、社会に出ることに抵抗を感じ、戸惑っている場合があります。なかなか一歩が踏み出せず、「こんなことではいけない」と思い、焦りながらも自分ではどうしようもなく、悶々と苦しんでいます。一番苦しいのはお子さん自身なのです。そのことをぜひ理解してあげてください。

親がまず一歩、踏み出すことです。子どもたちが不安になったり、自信がなくなったりするのは、「親から愛されているのかどうかがわからない」と思ったときが多いものです。いまの時代の親は変化してきていますが、昭和生まれの子どもたちの親は、愛情表現に乏しかったのではないでしょうか。

アメリカの映画などを見ていて、親が子どもをムギューと抱きしめ、「チュッ」としていると、どこかで「いいなあ」と思っている自分がいなかったでしょうか。

両親でなくてもいいのです。片方の親が子どもに十分に愛情を注いであげてください。そうすれば、お子さんは情緒が安定し、安心して外へ向かって羽ばたくことができます。

もしお子さんが部屋から出てこなくて会えない場合、メールを送ったり、手紙を添えて食事を渡すなどして、がんばって愛情を注いであげてくださいね。きっとお子さんに変化が出てくるはずです。

根昆布水の飲み方

私がゲスト出演させていただいている講演会では、放射能に強い体をつくるために、玄米を食べ、非加熱の水を飲もうとお伝えしています。さらに、福島第一原発の事故を受け、根昆布水も飲もうともお伝えしています。反響が大きかったので、以下、根昆布水のつくり方をお伝えいたします。

水二百ccに対して、根昆布二〜三グラムを使います。まず根昆布をさっと水洗いし、湯ざましの二百ccの水につけておきます。そして、冷蔵庫に十〜十二時間入れ

ておきます。出来上がった根昆布水をかき混ぜてお飲みください。
※とろみが強くて飲みにくいと思われる場合、はちみつやレモン、酢などを少量加えると飲みやすくなります。
※根昆布は、二回程度は根昆布水として使えます。
※使い終わった根昆布は、ダシ昆布として再利用できます。

【根昆布水の効能】

根昆布には、ヨウ素をはじめ多くのミネラル分が含まれています。そして、血圧の安定化（高血圧予防）、整腸作用（便秘の予防）などの効能が期待できるといわれています。また、放射能対策にも効果が期待できるともいわれています。

福島第一原発から飛散してきた放射性ヨウ素を体内に摂り込んでしまった場合、ヨウ素は甲状腺にたまり、甲状腺がんを引き起こす可能性が高まります。

でも、根昆布に含まれている（放射性を持たない）ヨウ素をあらかじめ体に摂り込んでいれば、たとえ放射性ヨウ素が体に入ってきたとしても、すでにヨウ素が存在するので、有害な放射性ヨウ素は甲状腺にたまらないと考えられるということです。

【根昆布水の飲み方】

日々の健康（高血圧予防や便秘の予防など）のためには、定期的に飲んでくださ い。毎日飲んでも大丈夫です。

でも、ヨウ素は体によいミネラル分ですが、あまりにも過剰摂取すると、逆に甲状腺機能低下症、甲状腺腫、甲状腺中毒症などが起こる可能性があるそうです。そのほか、頻脈、筋力低下、皮膚熱感、体重減少などの症状が見られることもあるそうなので、なにか体に変調をきたした場合は、すこし控えたほうがよいかもしれません。

放射能対策としても、根昆布水は有効だといわれています。今後、仮に福島原発で爆発が起こるなど、多量の放射能漏れが発生した場合には、すぐに根昆布水をグイッと飲んでください。

ただし、放射能対策の効果は、根昆布水飲用後の二十四時間程度しかないものと思われます。多量の放射能が漏れ出す数日前に根昆布水を飲んでいたとしても、前述の放射能対策の効果はほとんどないと思われますので、ご注意ください。

※一般的に、放射能による甲状腺がんのリスクは子どものほうが高く、四十歳以上になるとほとんどなくなるそうです。いざというときは、とくに四十歳未満の方は根昆布水をよく飲んでください。

以上です。こうして根昆布水を飲んでも、あまり効果は期待できないと言われている方々もいます。しかし、「これを飲めば放射性ヨウ素が体内に蓄積しないんだ」と心から信じて飲んだ人には、かなり効果が期待できるそうです。

リラックスのための呼吸法

「体はどこも異常がないのに、急にイライラしたり、気分が悪くなったり、頭痛がしたりする」という相談を受けたことがあります。こうしたケースの対処策として、呼吸法があります。

まず、落ち着いてリラックスした気持ちになり、息を「一、二、三、四、五」とゆっくり数えて吸ってください。次に「一、二、三、四、五」と数えながら息をゆっくり吐いていきます。吐くときに、体の中にいるイライラ虫（体毒）が出ていくイメージをするのがポイントです。これを十回繰り返すと、ずいぶんとすっきりするので、ぜひ一度試してみてください。

「そんなことで……」と思われる方もいらっしゃるかもしれません。でも、これが結構効果があるのです。息を吐くとき、黒いものが見えた人もいます。邪気が出ていくのが見えたのでしょう。

第二部

各地の講演会参加者に対する神様のお言葉

（二〇一〇年四月十七日岐阜講演会の参加者に対する）

神様からのお言葉

みなさん、今日は、講演会に来てくれてありがとう。

この岐阜というところは、日本地図上で日本のだいたい真ん中に位置しています。

これは偶然たまたま、そうなってる訳ではありません。

物事、すべてには意味があるんです。

はるか昔になりますが、太平洋上に、大きなそれは大きな大陸、ムー大陸という大陸があり、いまのように文明が栄えていました。

もちろん飛行機やミサイル、そして宇宙ロケットもありました。

文明が栄えていけばいくほど、肉体を持つ人間たちというのは、大きな勘違いをしていきます。

すべて自分たちの力でそうしたのだ‼　とね。

そうなってしまった人間たちは、謙虚さを失い、もっと、もっと、もっと…

と、いろいろな物を手に入れようとするのです。

それが地球上の物だけに留まってるうちはまだいい。

地球は人間たちのために創られたものですから。

しかし、宇宙へ行けるようになると、宇宙にある物、ほかの惑星の物までほしがる。

これは、してもらっては、大変なことになるから、

どうしても止めなければならないことなんです。

銀河系全体へ影響を及ぼし、取り返しのつかない結果を招きます。

まさにいまの地球文明は、

ムー大陸が沈む直前のムー帝国時代の文明とよく似ています。

その大きなムー大陸が沈み、その沈み残った土地が、この日本なのです。

そして、この日本の真ん中にある岐阜という場所へ、

そのムー帝国時代にも肉体を持ち、
活躍していた古い魂の人間たちを多く集めています。
これは、岐阜に生まれさせたという意味ではありません。
嫁いだ人、仕事や友人がいて岐阜に来る人も含め、
この岐阜という地に縁ある人びとのことを言っています。
なんのために集めているのかということを簡単に言ってしまえば、
役目がある魂だからです。

今日、こうしていま、この会場にいて、
神からのメッセージを聞いているのも偶然ではない。必然です。
あなたにとって必要だから聞いているのですよ。
ただ、聞いたから、どうするのかは、あなたの自由です。
魂は、目覚める時期、タイミングというのがありますからね。
一方的かもしれませんが、神の想いは伝えます。
この文明が、一旦終わるとき、多くの魂をよい状態で残してあげたい。

ただそれだけです。

そのために、自分の悪い部分、間違っているところは反省し、

心正しく生きていってください。

常に、神があなたを見ていることだけは、けっして忘れないように…

だからといって、重く感じないでください。

目には見えない親がいつも見守ってるくらいに考えてください。

（いつもあなたのそばにいますからね）

（二〇〇九年十月二十五日大阪講演会の参加者に対する）

神様からのお言葉

大阪という地は、特別な場所、
いえ、日本にとってある意味役目を負うことになる場所です。
かつては、日本の中心であった大阪。
豊臣秀吉が築き上げた大坂城は、その時代の天下統一の象徴となった。
大阪の地に住み慣れた人間の多くは、
この地から離れたくない、または、一旦離れてもふたたびまた、
この地、大阪へと帰りたくなる。
この感情は、ふるさと…生まれ育った故郷への思いだけではない。

ほかの地に住む者たちが、故郷へ帰りたいと思う気持ちより強いのです。
大阪という場所に、いま現在、生まれ育って住んでいる人、
嫁いできて住んでいる人、仕事の都合で住んでいる人…
みな偶然住んでいるのではないのです。
それに、何度も生まれ変わるなかで、数多く、
この日本の大阪という場所（この土地）あたりに生まれてもいます。
それは、近い将来に負わなくてはならない役目のためです。
魂のつながりをより一層強めるために、長い年月をかけてそうしてきたのです。
はじめて会ったのに、はじめて会う気がしない人に出会う。
他人なのに、親戚のような…いえ、それ以上の付き合いをしている。
そんな人びともこの大阪には多いはず。
日本人が失いつつある大切なモノを
大阪の人びとはまだたくさん持っているのです。
義理人情に厚い、自分のまわりで困っている人がいると放っておけない…

日本の人口密集地のなかで、そんな人が一番多く集まっているのが、この大阪。
そんなに遠くはない将来起こる、首都・東京直下型地震は、
人間たちが想定しているマグニチュードをさらに上回るものとなります。
首都機能はマヒするというより、壊滅状態に近い。
そのとき、この日本を支えていくのが、この地、大阪となります。
東京とそのまわりの土地の復興には、かなりの時間を要する。
関東大震災や東京大空襲規模の破壊的状態ではない。
それをさらに上回る。死者の数ももちろんそう。
それに追いうちをかけるかのごとく、富士山も噴火をし、
その火山灰で東京上空は覆われ、昼間も暗く、植物が枯れる。
すこし、自分のなかの否定的な感情を取り除き、一度だけでいい、
この言葉を一旦受け入れ、東京の状況を想像してみてください。
そして、大阪の人びとに将来の役目を自覚しておいてもらいたいという思いで、
このことを伝えています。

できれば、あなた方の記憶の片隅に、
今日のこのメッセージが残りますことを期待しています。

(二〇一〇年五月二十九日大阪講演会の参加者に対する)

神様からのお言葉

今日、こうしてふたたび大阪講演会が開催できたことを
とても嬉しく思っています。

忙しいなか、わざわざ大阪講演会に来てくれたみなさん、ありがとう。

大阪といえば「お笑い」発祥の地でもあります。

そのお笑いがいま、世の中のブームにもなっています。

かっこいい映画俳優さんや美しい女優さんより、

お笑い芸人の方が、人気が高いのが現状のようだ。

いま、ニュースを見ても暗い話題が多く、悲惨な事件が毎日のように報道され、

殺人は日常茶飯事となってしまった。

しかも家族や親しい人を殺したりと、昔では考えられなかったようなことが

当たり前のように起こる。

しかも、自分たちの身近でも起こっている。

経済状況も悪化して、なんのために自分は一生懸命に仕事をしてきたのか…

目的を失った人びとがうつ病になったり、自殺をしたり…と、

そんななかで、家に帰ったときくらい、明るい気持ちになりたいと思う人が増え、

バラエティー番組、お笑い芸人たちの出演する番組の視聴率が高い。

しかし、そのときだけ、明るい気持ちになれたとしても、
翌朝は、ふたたび厳しい修行が待っているから、憂うつな気持ちになってしまいます。
バラエティー番組で気持ちをごまかしても現状は変わらない。

でもね、こんな厳しい世の中であっても、
とても幸せに楽しく毎日を送っている人もいます。
今日、この会場へ来てくださったみなさんにも、
ぜひそうなってほしいとぼくは思っています。

だからひとつ教えるね。
自分のまわりの人に対して、不平不満ばかり持っていても、
なにも変わらないですよ。
むしろ、どんどん自分がつらくなってくるだけなんですよ。
この悪循環を断ち切りたいと思っているのなら、
まずあなた自身が変わることです。
あなたが変われば、まわりの人たちは、必ず変わります。

必ずなんです。

家族であっても、友人、知人、ご近所さん、
上司、部下など職場の人、たまたま出会う人、
自分が関わるすべての人が変わり、関わり方も変わるんです。

すこし時間はかかるかもしれませんが、
つらくても現状から逃げることばかり考えないで、
自分を変えてみようと、無理しない程度に日々、
すこしずつでも努力してみてください。

自分を変えるといっても、見た目（服装、髪型など）ではなく、
心を変えるということです。いきなりそれは難しいと思う人は、
まず服装や髪型を変えてみてもいいですよ。

できれば一般的に人から好感を持たれるように変えるといいね。
それから、苦手だと思っている人に対しての苦手意識をとっていくために、
苦手な人に積極的に挨拶だけでもいい、声かけをしてみてください。

できれば、ニッコリと笑って笑顔で挨拶をしてください。
最初は、笑顔が引きつってしまうかもしれないし、
　相手から無視されるかもしれないが、
「これすりゃ自分が変わって幸せになれるんだ〜」と強く思い、
　すこしがんばってみてくださいね。
苦手な人というのは、あなたの魂を向上させるために、
まわりに置かれている修行の相手なんです。
　苦手な人が、ひとりクリアできたとき、
あなたの魂は一段向上したということなんだよ。
十人に対して苦手意識を持たなくなったら、
　十段ではなくもっと向上しています。
どうか今日から実行してみてくださいね。
大丈夫、あなたには必ずできますからね。
神は、いつもあなたのそばであなたを見守っています。

あなた一人ではありません。

独りぼっちでいるときも、一人ではないんです。

あなたはかわいいかわいい神の子です。いつもあなたのことを心配し見守っている神の存在をけっして忘れないでくださいね。

（二〇〇九年十一月十五日東京講演会の参加者に対する）

神様からのお言葉

この東京という地は、日本列島のなかで最もエネルギーの強い場所です。
　このエネルギーとは、いま急に強くなった訳ではない。
かつては、いまの太平洋上に実在していたムー大陸…そのときから、
この地のエネルギーは強く、この星、地球上に影響を及ぼしていた。
　ここが沈まずに残ったのも意味あってのこと‼
東京という地に、いま現在建ち並んでいるビルの地下深くには、
　その時代（ムーの文明）のかけらが数多く眠っています。
しかし、そのかけらが、永遠に見ることのできない夢のかけらとなる日がきます。
エネルギーが強い場所に住んでいる人びとは、ストレスも溜まりやすい。
これは自分でも気づかぬうちに蓄積するから、やっかいなものです。
　「ストレスともうまく付き合っていくしかない‼」
とあきらめてしまっている人も多いが、それよりもまず、
　ストレスを溜めない生活をすることを考えるべきです。
ただでさえストレスの溜まりやすいこの地に住んでいるあなた方には、

ぜひ実行してもらいたい。

私が…私が…俺が…俺が…と、自分が強い人は、常にストレスを抱えることとなる。

この、私が…俺が…をなくすのです。

自分のなかにある頑固さ…わがままな気持ちをなくす。

「我」というものを取り除き、物事はこうでなくてはならない!!

という、決めつけてしまうような気持ちをまず捨て、

一度、自分のまわりを幅広い視野で見つめ直してみてください。

きっとそこには、新たなる発見や感動がある。

さらに、上辺だけでなく、心の奥底から人の気持ちをまず考え、

人の喜びを自分の喜びと思えるオノレ（己）に変わるのです。

そうなれたときに、人の言葉が素直に受け取れる。

そこまでくれば、この地の強いエネルギーとも融合でき、

調和がとれて自分自身が楽になれる…ストレスから解放される。

これは、人間の魂を持っている者なら、誰にでもできることなのですよ。

難しいことではない。
あなたにならできます。必ず…必ず…。

（二〇一〇年五月十六日東京講演会の参加者に対する）

神様からのお言葉

みなさん、本当に今日は、よく来られましたね。
そして来てくれて本当によかった…嬉しい。

毎日、忙しくしていて、
なかなか自分を振り返ってみるという時間がありませんね。
今日から、すこし自分自身について考えてみる時間を
寝る前でもいつでも五分間だけでもつくってみてください。
なにか気づくことが必ずあります。
あなたは毎日、本当によくがんばっています。
あなたは、この地球上にたった一人しかいない大切な、
かけがえのないあなたなんですよ。
そんなあなたを、いつも見ています。
だから、あなたは、とても愛しい大きな存在の人なんです。
あなたも、あなた自身をもっともっと大切にしてください。
いたわってください。心も体もです。
そして、そんな素晴らしいあなた自身を大好きになってくださいね。
まず自分自身を好きにならなければ、他人を心から好きにはなれませんから…。

この東京と、その近郊に住んでいる人たちは、
強いエネルギーの影響を受けています。
だから、毎日、いま流行りの、パワースポットのなかで生活しているようなもの。
しかし、心身にちょうどよいくらいのエネルギーの上限を
はるかに超えてしまっているんです、この地のエネルギーはね。
だから疲れてしまっている人が多い。心も体もね。
疲れを通り越して病んでしまった人もかなり増えているのがとても心配です。
自分自身をリセットする簡単な方法があります。
これは、ぼくから今日来てくれたみなさんへのお土産として教えますからね。
疲れないためには、まずこの宇宙のエネルギーと
自分自身の波長を合わせることなんです。
そのために、一日一回は、黙想（深呼吸してからおこなってもよい。
目を閉じて一、二分、無の気持ちになる）をおこなうことなんです。
瞑想や座禅などという大変なことやお金のかかることはしなくてもいい、

黙想でいいんです。毎日、祈っている人は、それで大丈夫です。
祈るというのも、宇宙や神との波長合わせになります。

（二〇一〇年四月二十五日滋賀講演会の参加者に対する）

神様からのお言葉

美しい琵琶湖のほとりに栄えたこの街、
この街がこのままの姿でいてほしいとみんな願っていることでしょう。

しかし、それは、とても難しい願いです。

一見、穏やかになんの変化もないように見える琵琶湖も水中や湖底では、変化が起きていて、かなり深刻な状態となっています。

これは、温暖化の影響と人間たちの欲がそうしているのです。

五十年前には、琵琶湖には生息していなかった生き物が住み、生態系が狂ってきた。

湖底の温度も上がり、水温も変化してきている。

浅井長政（この人は、いま霊界に上がっていますが…）が、いま琵琶湖を見れば、湖の色が変わっていることに驚くほど、昔とは、かなり変化してきてしまったのです。

この地（滋賀県）の人びとは、昔から比較的温厚でおとなしく、控え目な、本来の日本人の美しい姿の人が多い。

つまり日本人らしい日本人の人が集められている。

家庭を大切にしたいと思っている人も多いので、

とてもよいことなのですが、その分、家庭に執着の強い人も多い。

家族ってのは、こうでなくてはならない!!

夫婦はこうでなければならない!!

嫁ってのは、こういうことをするもんだ!!

子どもはこうなってほしい!!

と、家族愛が変形してしまっている人もいる。

愛というものは、押しつけるものではありませんよ。

その相手を愛しているのなら、そっと遠くから見守るのも愛です。

相手からも同じように愛されたいなどと期待はしないことです。

ただひたすら自分が愛しているだけでいいんです。

家族だけでなく、できれば自分のまわりの多くの人びとを愛してください。

まず、それだけでいいのです。

いま、それを実行する努力をしてみてください。

家族愛のあるこの地の人びとならできるはずです。

いまはピンとこないかもしれませんが、そんな気持ちを持つことで、
この地球温暖化の加速度を緩めることができるのですよ。
もうしばらく、この美しい琵琶湖を見ていたいですからね…。

おわりに

私がブログや書籍を執筆したり、ゲスト出演させていただいている講演会でお話をしている理由――。それは、ブログや書籍を読んでいただいたり、講演会の話を聞いてくださったみなさまに、「幸せになってもらいたい」という思いがあるのはもちろんです。

しかし、それだけはありません。みなさまが幸せになることで、その周りの方々も幸せになっていただけると思うからです。私ができるのは小さなことかもしれませんが、この幸せの輪を広げていくことが、やがては世界の平和につながると信じています。

現段階では、「今後、地球にさらなる大規模な災害がやってくる」と神様はおっしゃっています。しかし、「一人でも多くの人の心がよい方向に変わることで、これから来る予定の災害の規模が小さくなる」と、神様ははっきりと言われています。

さらには、「人間の心が本当に変わることで、起こる予定の大規模災害が来なくなるかもしれない」とも神様はおっしゃってみえます。私たちの心ひとつで、災害を止められるかもしれないのです。

だからみなさまに、私のブログを一人でも多くの方に紹介していただきたいと思います。私の書籍を、一人でも多くの方に貸して読ませてあげるなどしていただきたいと思います。できるならば、私がゲスト出演している講演会に、一人でも多くの方とともにご参加いただければと思います。

宣伝をしているわけではありません。一人でも多くの方の心が変わることで、世の中を変えることができるのです。これからの日本、これからの地球を守るのは、私たち一人一人にかかっています。

神様のメッセージやお伝えしたい内容がまだまだあり、本書のシリーズ書籍を続けて制作しています。もしよろしければ、次回作も手にとっていただければうれしいかぎりです。

私が神様と念波交信をすることで教えていただいたメッセージの数々。みなさまのなにかのお役に立つことができれば幸いです。

二〇一一年十二月　大森和代

●著者プロフィール

大森和代（おおもり　かずよ）

岐阜県生まれ。

幼少のころから霊的能力を持ち、神様より直接指導を受けてきた。未来予知、巨大宇宙船との遭遇、幽体離脱、神様との対話、霊達との対話など、不思議な体験の数々。その特筆すべき能力をいかし、現在スピリチュアル・カウンセラーとして活躍している。

また、神様より直接おろされた多大なるメッセージを伝えるため、講演会活動にゲストとして参加して、日本各地をまわっている。その講演会参加者より、体のつらい部分が楽になった等、数々の奇跡の体験が寄せられ、講演会リピーターが急増中。

最近では、講演会活動だけではなく、ラジオ番組のパーソナリティーを務めたり、オフィシャルブログを開設したりと多方面で活躍している。ラジオやブログを通して、多くの人々の悩みを聞き、解決の糸口へと導いている。

FM わっち 78.5MHz
『大森和代のいつもつながっているよ！　WATARASE トーク』

数々の奇跡が起こっていると読者からの反響が続々！

今話題の不思議なブログ『大森和代の WATARASE まっせ!!』

http://ameblo.jp/oomori-kazuyo/

・著書：
WATARASE シリーズ
―紀伊國屋書店新宿本店　週間ベストセラー１位を連続して獲得―
『WATARASE ―― わたらせ ――』（たま出版）
『あなたこそが救世主《メシア》　WATARASE ―― わたらせ ――
Vol. 2』（たま出版）

一人じゃないよ、みんなつながっている

WATARASE——わたらせ——Vol. 3

2012年3月21日　初版第1刷発行

著　　者　大森 和代
発 行 者　韮澤 潤一郎
発 行 所　株式会社 たま出版
〒160-0004 東京都新宿区四谷 4-28-20
☎ 03-5369-3051（代表）
http://tamabook.com
振替　00130-5-94804
印 刷 所　株式会社 エーヴィスシステムズ

ISBN978-4-8127-0346-5 C0011